Alles fürs Baby

urania

Anita Avesani Haegeli

Alles fürs Baby

Stricken und Häkeln für die Kleinsten

Für Babys zu stricken und zu häkeln macht Spaß und bereitet viel Freude. Außerdem geht es ungeheuer fix und kostet wenig, da die kleinen Modelle in kurzer Zeit mit wenig Material hergestellt werden können. Und ist es nicht so, dass man gerade beim Stricken und Häkeln von Babybekleidung alle Sorgen vergisst, sich ganz der Arbeit hingibt und immer wieder in Gedanken bei den niedlichen kleinen Gesichtchen weilt? Man erinnert sich an das erste Lächeln, an die kleinen, patschigen Füßchen und Händchen sowie das erste Zähnchen und die Zeit vergeht wie im Fluge, bis das wunderbare, liebevoll gearbeitete Meisterstück fertig ist.

Babys wachsen schnell! Ehe man sich versieht, sind sie einige Zentimeter größer und gucken noch etwas neugieriger in die Welt. Stricken und häkeln Sie deshalb immer eine Nummer größer, als es das Alter gerade verlangt. Denn wenn die Arbeit fertig ist, ist das Kleine vielleicht schon wieder etwas gewachsen. Mit Hilfe der Größentabelle auf dieser Seite finden Sie leicht die passenden Maße.

Die Modelle auf den folgenden Seiten können gut miteinander kombiniert werden; die Farben sind so gewählt, dass die meisten Modelle zueinander passen. Experimentieren Sie ein bisschen! Sie werden erstaunt sein, wie viele schöne Baby-Sets Sie erhalten, wenn Sie die Modelle fantasievoll kombinieren.

Ergänzt wird die bunte Palette an Modellen in diesem Buch durch einige gestrickte Spielaccessoires, die sich hervorragend als persönliches Geschenk zu Geburt oder Taufe eignen. Ob Schlenkerpuppe oder Kuschelclown – Sie finden sicherlich den passenden kleinen Gefährten für das Neugeborene.

Alle Modelle in diesem Buch sind mit Garnen der Qualitätsmarke „Schachenmayr" gestrickt oder gehäkelt. Fast alle Materialien sind pflegeleicht und können problemlos in der Waschmaschine gewaschen werden.

Ich wünsche Ihnen viel Freude beim Stricken oder Häkeln der süßen Babysachen und vor allem gutes Gelingen!

Ihre Anita Avesani Haegeli

Größentabelle

Alter	3–6 Monate	6–9 Monate	9–11 Monate	11–12 Monate	1–2 Jahre
Größe	68	74	80	86	92
Gesamtweite	24	26	28	30	32
Gesamtlänge	25	27	29	32	34
Halsausschnitt	10	10	11	12	13
Ärmellänge gesamt	16	17	19	21	23
Ärmelbreite unten	15	16	16	17	17
Ärmelbreite oben	24	24	26	28	30

Abkürzungen

Kn = Knäuel
li = links
M = Masche(n)
R = Reihe(n)
Rd = Runde(n)
re = rechts
str = stricken
wdh = wiederholen

Kinderjäckchen in Orange und Rot

Größe: 86/92 (1–1,5 Jahre).
Material: Schachenmayr Jazz, 50 % Baumwolle, 50 % Polyacryl (Lauflänge 125 m/50 g), je 2 Kn in Rot Nr. 30 und Orange Nr. 29. Stricknadeln Nr. 3½, Rundstricknadel Nr. 3, 6 Kinderknöpfe in Rot (z. B. von Dill).
Kraus re, Nadeln Nr. 3½: Hinr re, Rückr re.
Grundmuster, Nadeln Nr. 3½: Glatt re: Hinr re, Rückr li. Muster- und Farbfolge: * 6 R in Orange glatt re, 4 R in Rot kraus re *, von * bis * wdh.
Maschenprobe, Nadeln Nr. 3½: Glatt re: 23 M und 40 R = 10 x 10 cm.

Anleitung

Rückenteil: 69 M mit Nadeln Nr. 3½ in Orange anschlagen und das Bündchen bis zu einer Höhe von 2,5 cm kraus re str. Weiter in der angegebenen Muster- und Farbfolge str. In 20 cm Höhe für die Armausschnitte beidseitig je 6 M abketten = 57 M. In 30 cm Höhe für den hinteren Halsausschnitt die mittleren 17 M abketten und beidseitig an den Ausschnittkanten in jeder 2. R noch 1 × 3 und 1 × 2 M abketten. In 32 cm Gesamthöhe beidseitig die restlichen 15 M locker abketten.

Linkes Vorderteil: 39 M mit Nadeln Nr. 3½ in Orange anschlagen und das Bündchen bis zu einer Höhe von 2,5 cm kraus re str. Weiter im Grundmuster und nach der angegebenen Muster- und Farbfolge str, wobei an der linken Arbeitskante die letzten 6 M stets kraus re gestrickt werden = Verschlussblende. Für die Armausschnitte in 20 cm Höhe an der rechten Arbeitskante 6 M abketten = 33 M. In 26 cm Höhe für den Halsausschnitt an der linken Arbeitskante in jeder 2. R 1 × 9, 1 × 4, 1 × 3 und 1 × 2 M abketten. In 32 cm Höhe die restlichen 15 M locker abketten.
Rechtes Vorderteil: Gegengleich zum linken Teil str, jedoch an der rechten Arbeitskante (= Verschlussblende kraus re) 6 Knopflöcher wie folgt arbeiten: 3 M ab rechtem Rand und 1 cm ab Anschlag das 1. Knopfloch arbeiten, jedes weitere mit 5 cm Abstand. Teil wie linkes Vorderteil beenden.
Ärmel: 42 M mit Nadeln Nr. 3½ in Orange anschlagen und das Bündchen bis zu einer Höhe von 2,5 cm kraus re str. Weiter im Grundmuster und nach der angegebenen Muster- und Farbfolge str. Gleichzeitig für die Ärmelschrägung in jeder 8. R 7 × 1 M zunehmen = 56 M. In 24 cm Höhe alle M locker abketten. Den 2. Ärmel ebenso stricken.
Fertigstellung: Teile spannen und unter feuchten Tüchern trocknen lassen. Schulter- und Seitennähte schließen, Ärmel einnähen und Nähte schließen. Um den Halsausschnitt mit der Rundstricknadel Nr. 3 ca. 80 M aufnehmen und 4–6 R kraus re str. Alle M locker abketten. Die Knöpfe an das linke Vorderteil nähen.

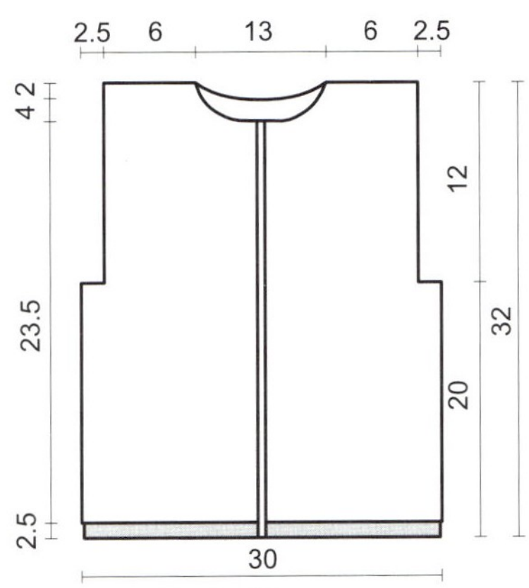

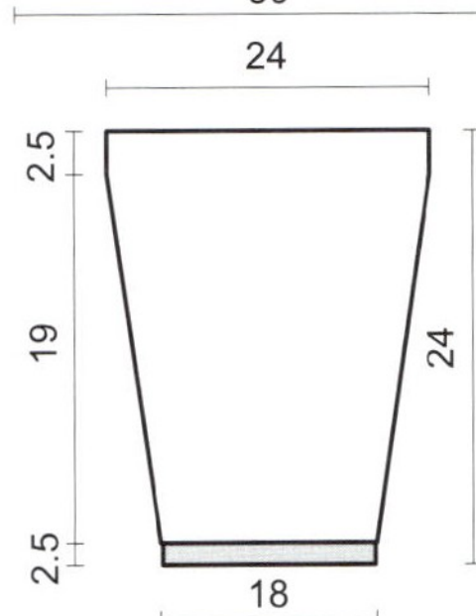

Schnecke Susi und Söckchen

Material: Schachenmayr Catania und Catania Color, 100 % Baumwolle (Lauflänge ca. 125 m/50 g), 100 g in Lava Nr. 26 und je 50 g in Kirsche Nr. 116, Jaffa Nr. 189 und Canari Nr. 129 sowie ein Rest in Weiß Nr. 106. Stricknadeln und Nadelspiel Nr. 2½–3, Füllwatte, für die Augen 2 schwarze Knöpfe (z. B. von Dill) sowie ein kleiner, bunter Stoffrest, Sticknadel ohne Spitze.
Bündchenmuster: 1 M re, 1 M li im Wechsel str.
Glatt re: Hinr re, Rückr li, in Rd nur rechte M.
Maschenprobe: 26 M und 36 R bzw. Rd = 10 × 10 cm.

Schnecke

Schneckenhaus: 44 M in Lava anschlagen und glatt re str. In 30,5 cm Höhe (nach 110 R) beidseitig 1 × 1 M und nach 4 R noch 1 × 1 M zunehmen = 48 M. In 44 cm Höhe die Zunahmen noch 1 × wdh = 52 M. In 52 cm Höhe alle M abketten.
Körper und Kopf: Am Körperende beginnen. 12 M in Kirsche anschlagen und die M auf das Nadelspiel verteilen. Nun in Rd nur rechte M, dabei immer im Wechsel je 5 Rd in Kirsche und Jaffa str. Dabei in jeder 2. Rd gleichmäßig verteilt 10 × je 4 M zunehmen = 52 M. In 35 cm Höhe (nach 125 Rd bzw. 25 Streifen) die Rd markieren, hier wird später der Kopf abgebunden. Weiter in der Streifenfolge str und in jeder 2. Rd noch 2 × je 4 M zunehmen = 60 M. Nach 5 Streifen ab der Markierung, mit Beginn des 3. Streifens in Kirsche, in jeder Rd verteilt immer 4 M abnehmen. Nach diesem Streifen die Arbeit in Jaffa beenden. Die letzten 8 M mit doppeltem Faden fest zusammenziehen.
Fühler: 8 M in Canari anschlagen, die M auf das Nadelspiel verteilen und in Rd nur rechte M, dabei immer im Wechsel je 2 Rd in Canari und Jaffa str. In 6,5 cm Höhe (nach 24 Rd) weiter in Canari arbeiten, dabei in der 1. Rd gleichmäßig verteilt 4 M zunehmen = 12 M. Nach 5 Rd verteilt 4 M abnehmen und die restlichen 8 M mit doppeltem Faden fest zusammenziehen. Den 2. Fühler ebenso str.
Fertigstellung: Zunächst den Kopf mit Füllwatte stopfen. Durch die markierte Rd einen Faden ziehen, leicht festziehen, den Faden innen verknoten oder vernähen. Den Körper stopfen. Einen Faden durch die Anschlagmaschen ziehen, fest zusammenziehen und vernähen. Beim Kopf auf den 1. orangefarbenen Streifen beidseitig der mittleren 5 M mit Kettenstichen in Weiß 2 Augen mit einem Durchmesser von ca. 1,5 cm sticken. Dabei in der Mitte des Auges beginnen und die Kettenstiche in Rd nach außen sticken. In die Mitte jeweils einen schwarzen Knopf nähen. Die Fühler wenig füllen und auf den 2. orangefarbenen Streifen beidseitig der mittleren 7 M nähen. Für den Mund mit Canari eine Linie mit Kettenstichen sticken. Das Schneckenhausteil der Länge nach in der Mitte zusammenlegen und die Naht schließen. Die Naht so schieben, dass sie in der unteren Mitte liegt, dann die Anschlagkante zusammennähen. Das Schneckenhaus ausstopfen, dabei die ersten 15 cm nur leicht, dann etwas fester füllen. Das Haus einrollen, die Rolle befestigen. Die offene Abkettkante rund auf den Körper nähen, die Schneckenhausrolle am Körper befestigen. Aus dem Stoffrest ein Dreiecktuch schneiden und umbinden.

Grundanleitung für Söckchen

Bündchen und Schaft: Die M anschlagen und auf das Nadelspiel verteilen. Rundenwechsel ist in der hinteren Mitte. Für das Bündchen und li im Wechsel str. Den Schaft glatt re str. Wird ein Muster eingearbeitet, muss die veränderte Maschenprobe berücksichtigt werden.

Ferse: Die M der 1. und 4. Nadel (also die Hälfte der M) auf eine Nadel heben, die M der 2. und 3. Nadel stillegen. In R weiterarbeiten, die ersten und letzten 2 M nach Wunsch kraus re (Hin- und Rückr rechte M) str. Die Ferse immer 2 R weniger hoch arbeiten, als M auf der Nadel sind.

Käppchen: Die Fersen-M in 3 Teile teilen (siehe Tabelle). Am Ende der Hinr die letzte M des Mittelteils re abheben, die 1. M des Seitenteils re str und die abgehobene M überziehen. Wenden, die 1. M re abheben, die letzte M des Mittelteils mit der 1. M des Seitenteils li zusammenstr. Wenden, die 1. M li abheben. Nach diesem Prinzip weiterarbeiten, bis alle M der Seitenteile aufgebraucht sind.

Spickel: In Rd weiterarbeiten. Die M der Ferse str, dabei die M wieder auf 2 Nadeln verteilen = 1. und 4. Nadel. Nun aus der Seitenkante der Ferse aus jeder 2. R. 1 M aufnehmen, dann aus dem Querfaden zwischen der 1. und 2. Nadel noch 1 M re verschränkt herausstr, siehe auch Tabelle „M-aufnahme beidseitig". Die M der 2. und 3. Nadel str. Dann aus dem Querfaden 1 M re verschränkt und aus der 2. Fersenkante wieder aus jeder 2. R 1 M herausstr. Über alle M 1 Rd str. In der folgenden Rd für die Abnahmen die zweit- und drittletzte M der 1. Nadel re zusammenstr; bei der 4. Nadel die 2. M re abheben, die folgende M str und die abgehobene M überziehen. Diese Abnahmen in jeder 3. Rd wdh, bis die ursprüngliche M-Zahl erreicht ist. Dann bis zur Spitze gerade hoch str.

Bandspitze: Bei der 1. und 3. Nadel bis 3 M vor Ende der Nadel str, dann 2 M re zusammenstr; bei der 2. und 4. Nadel 1 M re str, 1 M re abheben, 1 M re str und die abgehobene M überziehen. Diese Abnahmen wie in der Tabelle angegeben in jeder 2. Rd, dann in jeder Rd wiederholen. Die restlichen 8 M mit dem Arbeitsfaden fest zusammenziehen.

Anleitung für die Söckchen

Die Söckchen gemäß Grundanleitung und Tabelle für Größe 16–18 str (siehe auch Foto). Auf die Außenseiten des Schafts je eine kleine Schnecke mit Kettstichen sticken.

	Maschenprobe: 30 M/42 R Lauflänge: ca. 210 m/50 g			Maschenprobe: 26 M/36–38 R Lauflänge: ca. 165 m/50 g			Maschenprobe: 22 M/30 R Lauflänge: ca. 125 m/50 g		
Größe	10–12	13–15	16–18	10–12	13–15	16–18	10–12	13–15	16–18
M-Anschlag/M-Zahl je Nadel	36/9	40/10	44/11	32/8	36/9	40/10	28/7	32/8	36/9
M-Zahl für Fersenbreite	18	20	22	16	18	20	14	16	18
R-Zahl für Fersenhöhe	16	18	20	14	16	18	12	14	16
M-Zahl für Käppchen	6/6/6	6/8/6	7/8/7	5/6/5	6/6/6	6/8/6	4/6/4	5/6/5	6/6/6
M-Aufnahme beidseitig	9	10	11	8	9	10	7	8	9
Fußlänge von Fersenmitte bis Spitze in cm	7	8,5	10	7	8,5	10,5	7	8,5	10
Abnahme für Bandspitze nach der 1. Abnahme in jeder 2. Rd	3 ×	3 ×	4 ×	2 ×	3 ×	3 ×	2 ×	2 ×	3 ×
in jeder Rd	3 ×	4 ×	4 ×	3 ×	3 ×	4 ×	2 ×	3 ×	3 ×
Gesamte Fußlänge in cm	9	11	13	9	11	13	9	11	13

Baby-Set in Orange- und Gelbtönen

Größe: 68/74 (6–9 Monate).
Material: Schachenmayr Micro und Micro Color, 100 % Polyacryl (Lauflänge 145 m/50 g), 2 Kn in Lava Nr. 80, 1 Kn in Feuer Nr. 30, 1 Kn in Orange Nr. 27; Merino, 100 % Schurwolle (Lauflänge 160 m/50 g), 2 Kn in Mimose Nr. 20. Stricknadeln Nr. 3 und 3½, Rundstricknadel Nr. 3, Häkelnadel Nr. 3, 3 kleine Herzknöpfchen für die Schultern (z. B. von Dill), Gummiband in der Länge der Taillenweite.
Grundmuster, Nadeln Nr. 3½: Glatt re: Hinr re, Rückr li. Farbfolge: * 6 R in Orange, 6 R in Rot *, von * bis * wdh.
Bündchenmuster, Nadeln Nr. 3: 1 M re, 1 M li im Wechsel.
Maschenprobe, Nadeln Nr. 3½: 24 M und 33 R = 10 × 10 cm.

Pullover

Rückenteil: 67 M mit Nadeln Nr. 3 in Micro Color anschlagen und 1 cm im Bündchenmuster str. Weiter mit Nadeln Nr. 3½ im Grundmuster str. In 14 cm Höhe für die Armausschnitte beidseitig je 5 M abketten. In 27 cm Höhe 13 M für die rechte Schulter und 31 M für den Hals abketten. Die restlichen 13 M für die linke Schulter stilllegen.
Vorderteil: Teil und Armausschnitte wie bei Rücken str. In 22 cm Höhe für den vorderen Halsausschnitt die mittleren 11 M abketten und beidseitig an den Ausschnittkanten in jeder 2. R noch 1 × 4, 1 × 3, 1 × 2, 1 × 1 M abnehmen. 1 R ohne Abnahme str. In 27 cm Höhe die restlichen 13 M für die rechte Schulter locker abketten. Die 13 M für die linke Schulter stilllegen.
Ärmel: 42 M in Micro mit Nadeln Nr. 3 in Orange anschlagen und 1 cm im Bündchenmuster str. Weiter mit Nadeln Nr. 3½ im Grundmuster und der oben angegebenen Farbfolge str. Gleichzeitig für die Ärmelschrägung beidseitig in jeder 4. R 11 × 1 M aufnehmen = 64 M. In 17 cm Höhe alle M locker abketten.
Fertigstellung: Die stillgelegten M der rückwärtigen Schultern wieder in Arbeit nehmen, dazu aus der Halsblendenkante noch 4 M aufnehmen und über alle M 1 cm im Bündchenmuster anstr. Die M abketten. Beim Vorderteil ebenso ein Bündchen str, jedoch in der 1. R 2 kleine Knopflöcher einarbeiten. Die M abketten. Mit der Rundstricknadel um den Halsausschnitt 78 M auffassen und 1 cm im Bündchenmuster str, dabei in der 1. Rd an der Öffnungskante noch 1 kleines Knopfloch einarbeiten. Die M locker abketten. 3 kleine Knöpfchen annähen. Alle Bündchenkanten und den Halsausschnitt in Merino Mimose mit Pikotm umhäkeln.

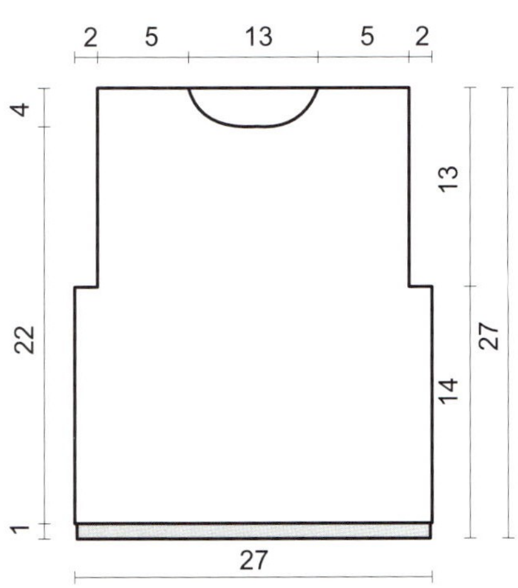

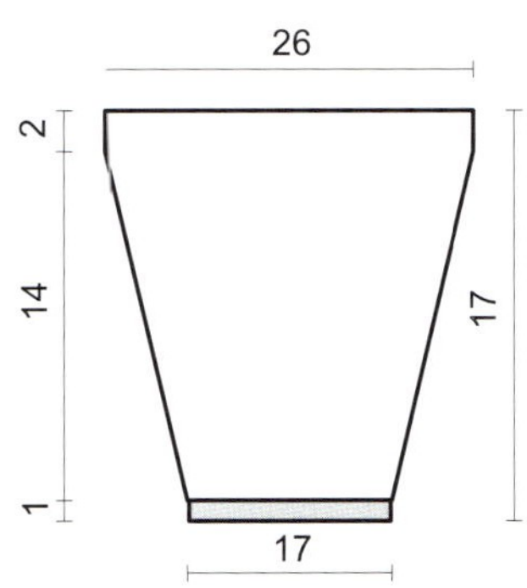

Pikotmaschen häkeln:

1. R (Rd): feste M.
2. R (Rd): * 1 feste M, 3 Luftm, in die 1. Luftm 1 Kettm, 1 feste M überspringen *, von * bis * wdh.

Höschen

Vorderteile: Linkes Bein: 29 M mit Nadeln Nr. 3 in Merino Mimose anschlagen und 1 cm im Bündchenmuster str. Weiter mit Nadeln Nr. 3½ im Grundmuster str. Für die innere Beinschrägung in jeder 10. R 2 × 1 M aufnehmen. Gleichzeitig für die äußere Beinschrägung in jeder 14. R 3 × 1 M aufnehmen. In 9 cm Höhe alle M stilllegen = 33 M. Rechtes Bein: Gegengleich str. Nun beide Teile zusammenfügen und dabei die mittleren beiden Randmaschen zusammenstricken. An den Außenkanten jedoch weiterhin, wie oben erklärt, M aufnehmen, bis zu einer Gesamtmaschenzahl von 70 M. In 17 cm Höhe nach Zusammenschluss der beiden Beinchen noch 4 cm im Bündchenmuster str. Alle M locker abketten.

Rückenteile: Wie Vorderteile

Fertigstellung: Vorder- und Rückenteile zusammennähen. Den Taillensaum bei der Bruchkante umlegen und bis auf eine kleine Öffnung annähen. Gummiband einziehen, Öffnung schließen. An die unteren Kanten der Beinchen in Micro Color mit der Häkelnadel Pikotm anhäkeln.

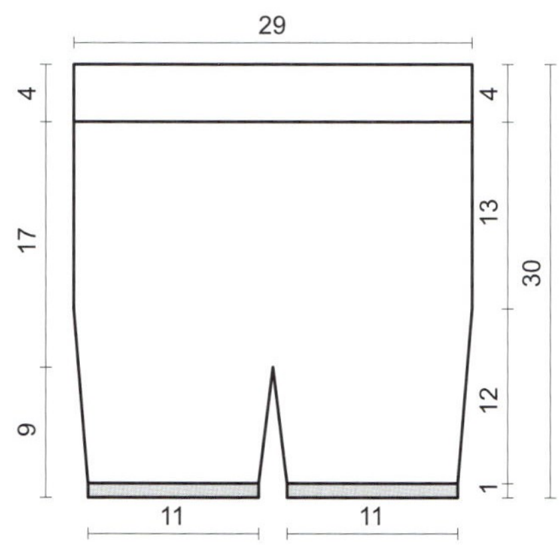

Tipp:

Das Gummiband lässt sich am einfachsten mit Hilfe einer Sicherheitsnadel einziehen, die Sie am Anfang des Bandes befestigen und durch die Öffnung schieben. Die beiden Enden des Gummibandes zusammennähen (nicht verknoten wegen möglicher Druckstellen beim Baby).

Höschen und Weste

Höschen

Größe: 68/74 (6–9 Monate).
Material: Schachenmayr Catania, 100 % Baumwolle (Lauflänge 125 m/50 g), 3 Kn in Marine Nr. 124, 1 Kn in Jaffa Nr. 189, 1 Kn in Maigrün Nr. 170. Nadelspiel Nr. 3 und 3½, Gummiband in der Länge der Taillenweite, 1 lustiger Dekoknopf.
Grundmuster, Nadeln Nr. 3½: Glatt re: Hinr re, Rückr li.
Bündchenmuster, Nadeln Nr. 3: 1 M re, 1 M li im Wechsel. Farbfolge: Je 2 Rd in Maigrün und Marine im Wechsel.
Maschenprobe, Nadeln Nr. 3½: 28 M und 38 R = 10 x 10 cm.

Anleitung

Es wird in Rd gestrickt. Linkes Bein: 60 M mit Nadel Nr. 3½ in Jaffa anschlagen und 6 cm im Grundmuster str. Weiter in Marine str, gleichzeitig für die innere Beinschrägung 2 Mittelm bezeichnen und in jeder 2. R beidseitig 13 x 1 M verschränkt aufnehmen = 86 M. In 16 cm Höhe alle M stilllegen. Rechtes Bein: Gegengleich str, jedoch mit Maigrün beginnen und nach 6 cm 14 Rd in Marine str. Weiter den Jacquardstreifen gemäß Strickschema in Jaffa und Maigrün str. In 16 cm Höhe alle M stilllegen. Nun beide Teile zusammenfügen, dabei je 1 Mittelm von jedem Beinchen als Mittelm für den Spickel weiterführen = je 2 Mittelm an Vorder- und Rückenteil. In Marine weiterstr. Spickelabnahmen: Auf jeder Seite der beiden Mittelmaschen in jeder 2. R 5 x 1 M wie folgt abnehmen: Vor den Mittelmaschen 2 M re zusammenstr, nach den Mittelmaschen 1 M abheben, 1 M str und die abgehobene M überziehen. Über die restlichen 162 M bis 18 cm ab Spickelbeginn gerade weiterstr. Nun die Taillenborte mit Nadeln Nr. 3 im Bündchenmuster bis zu einer Höhe von 6 cm str. Alle M locker abketten.

Schema

Fertigstellung: Taillenborte zur Hälfte nach innen legen und locker annähen. Gummiband einziehen und einen lustigen Knopf an das Beinchen ohne Jacquardmuster annähen.

Weste

Größe: 68 (3–6 Monate).
Material: Schachenmayr Catania, 100 % Baumwolle (Lauflänge 125 m/50 g), 1 Kn in Jaffa Nr. 189, 1 Kn in Marine Nr. 124, 1 Kn in Maigrün Nr. 170. Stricknadeln Nr. 3 und 3½, Rundstricknadel Nr. 3.
Kraus re, Nadeln Nr. 3: Hinr re, Rückr re.

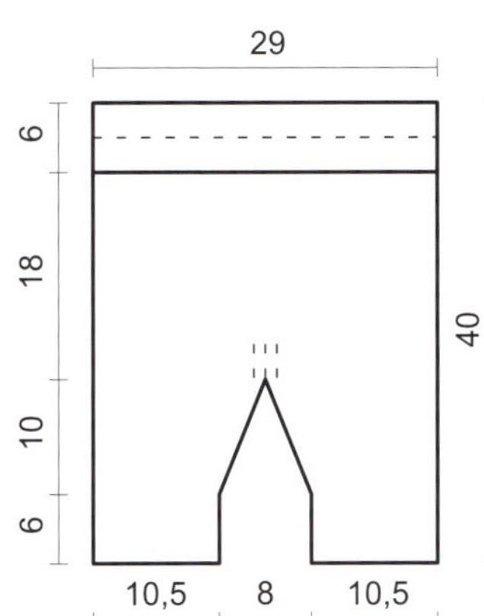

Grundmuster, Nadeln Nr. 3½: (Hinr) 1. R: 1 Randm, alle M re. 3. Reihe: 1 Randm, * 3 M li, 1 M re *, von * bis * wdh, 1 Randm. (Rückr) 2. und 4. R: 1 Randm, * 3 M re, 1 M li *, von * bis * wdh, 1 Randm. Ab hier das Muster versetzt str.

Bündchenmuster, Nadeln Nr. 3: Kraus re: Hinr re, Rückr re.

Maschenprobe, Nadeln Nr. 3½: Grundmuster: 31 M und 30 R = 10 × 10 cm.

Anleitung

Rückenteil: 81 M mit Nadeln Nr. 3 in Maigrün anschlagen und 6 R kraus re str. Weiter mit Nadeln Nr. 3½ im Grundmuster str. In 13 cm Höhe für die Armausschnitte beidseitig 1 × 3, 1 × 2 und 5 × 1 M abketten. In 24 cm Höhe für den hinteren Halsausschnitt die mittleren 15 M abketten und beidseitig an den Ausschnittkanten in jeder 2. R noch 2 × 4 M abketten. In 25 cm Höhe die restlichen 15 M locker abketten.

Rechtes Vorderteil: 27 M mit Nadeln Nr. 3 in Maigrün anschlagen und 6 R kraus re str. Weiter mit Nadeln Nr. 3½ in Jaffa im Grundmuster str. Armausschnitte wie beim Rückenteil arbeiten. In 20 cm Höhe für den vorderen Halsausschnitt an der rechten Arbeitskante in jeder 2. R 1 × 4, 1 × 3 und 1 × 2 M abketten. In 25 cm Höhe die restlichen 15 M locker abketten.

Linkes Vorderteil: Bündchen wie beim rechten Vorderteil arbeiten. Weiter das Teil gegengleich in Marine arbeiten.

Fertigstellung: Teile spannen und unter feuchten Tüchern trocknen lassen. Schulter- und Seitennähte schließen. Um den Halsausschnitt mit der Rundstricknadel Nr. 3 ca. 68 M in Maigrün auffassen und 6 Rd kraus re str. Für die vorderen Blenden mit Nadeln Nr. 3 beidseitig je 48 M auffassen und 6 R kraus re str. Um die Armausschnitte mit der Rundstricknadel Nr. 3 je 60 M auffassen und 6 Rd kraus re str.

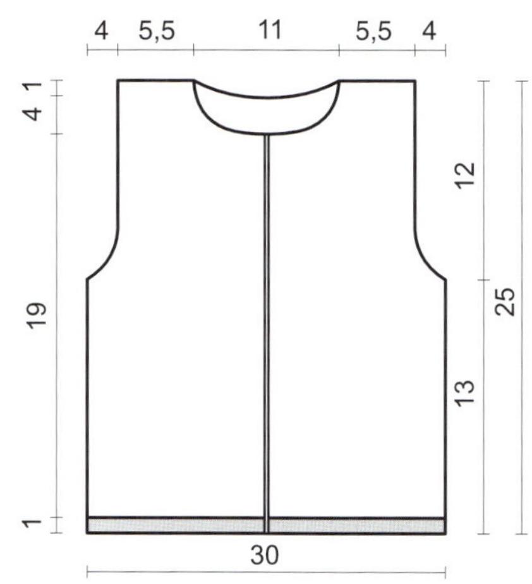

Ente gut – alles gut

Größe: 62/68 (3–6 Monate).
Material: Schachenmayr Catania, 100 % Baumwolle (Lauflänge 125 m/50 g), je 1 Kn in Nature Nr. 105, Lachs Nr. 148, Fuchsia Nr. 128, Reste in Gelb, Blau und Orange. Stricknadeln Nr. 3, Nadelspiel Nr. 3, Häkelnadel Nr. 3, evtl. 2 Deko-Knöpfchen.
Grundmuster, Nadeln Nr. 3: Gerstenkorn: 2 M re, 2 M li, jede 2. R versetzt str.
Maschenprobe, Nadeln Nr. 3: Glatt re: 26 M und 36 R = 10 × 10 cm.

Pullover

Rückenteil: 70 M mit Nadeln Nr. 3 in Nature anschlagen und mit dem Grundmuster beginnen. In 12 cm Höhe mit Lachs glatt re weiterstr. In 14 cm für die Armausschnitte beidseitig je 7 M abketten = 56 M. In 26 cm Höhe alle M locker abketten.
Vorderteil: Teil und Armausschnitte wie bei Rücken str. Für die vordere Halsöffnung in 21 cm Höhe die mittleren 2 M abketten und beide Teile separat beenden. In 26 cm Höhe die restlichen je 27 M abketten.
Ärmel: 46 M mit Nadeln Nr. 3 in Fuchsia anschlagen und im Grundmuster 2–3 cm str. Weiter in Nature glatt re str und gleichzeitig für die Ärmelschrägung beidseitig in jeder 4. R 9 x 1 M aufnehmen = 64 M. In 17 cm Höhe alle M locker abketten.
Fertigstellung: Seiten- und Ärmelnähte schließen. Die Schulternähte über 12 M schließen. Rund um den Kragen, an der unteren Kante und an den Ärmelbündchen in Fuchsia Pikotm anhäkeln (siehe Seite 10). Kragenspitzen umschlagen und evtl. 2 Knöpfchen annähen. Auf die glatte Fläche das Entenmuster gemäß Stickschema im M-Stich aufsticken.

Mütze

Das **Rollmützchen** stricken Sie nach der Anleitung auf Seite 34. Stricken Sie 6 cm in Fuchsia und arbeiten Sie weiter in Lachs. Zum Schluss das Entenmuster gemäß Stickschema im M-Stich aufsticken und die Quaste (siehe Seite 20) annähen.

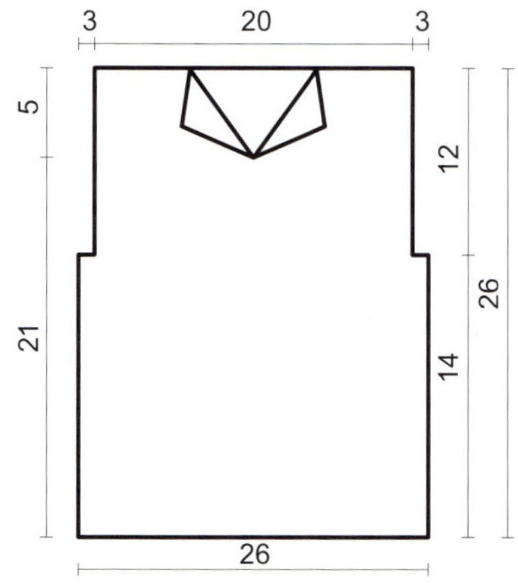

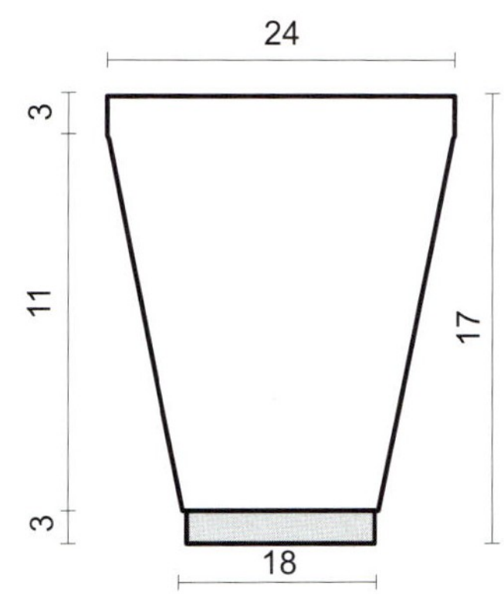

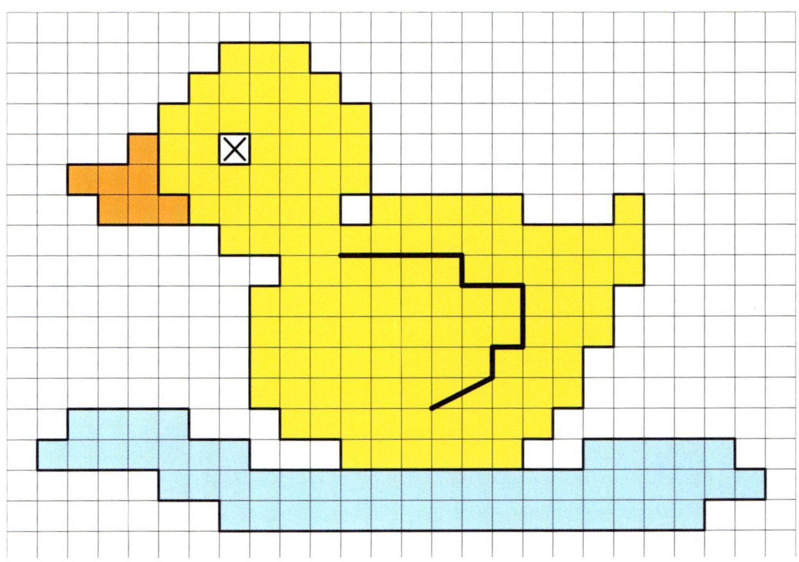

Schlenkerpuppe

Größe: Ohne Zipfelmütze ca. 24 cm.
Material: Schachenmayr Catania, 100 % Baumwolle (Lauflänge ca. 125 m/50 g), Garnreste in Cyclam Nr. 114, Canari Nr. 129, Mandarine Nr. 209, Maigrün Nr. 170, Azur Nr. 174 und Weiß Nr. 106. Nadelspiel Nr. 2½–3½, Sticknadel ohne Spitze, Häkelnadel Nr. 3 sowie etwas Füllwatte.
Grundmuster: Glatt re: Hinr re, Rückr li, in Rd nur rechte M.
Maschenprobe: 26 M und 36 R = 10 × 10 cm.

Anleitung

Für die **Beine** 8 M in Maigrün anschlagen und glatt re 8 Rd in Maigrün str, dann im Wechsel je 4 Rd in Azur und Maigrün, enden mit 4 Rd in Azur und 8 Rd in Maigrün, insgesamt 108 Rd str. Dabei in jeder 2. Rd 5 × verteilt je 4 M zunehmen (re verschränkt aus dem Querfaden str) = 28 M.
Nach 54 Rd ist die Mitte erreicht. Nun das 1. Bein leicht füllen. Nach insgesamt 98 Rd das 2. Bein leicht füllen, dann in der folgenden Rd 1 × und in jeder 2. Rd noch 4 × je 4 M verteilt abnehmen (2 M re zusammenstr), die letzten 8 M mit dem Arbeitsfaden fest zusammenziehen.
Die **Arme** ebenso str, jedoch mit 8 Rd in Canari beginnen, dann im Wechsel je 2 Rd in Mandarine und Canari str, enden mit 2 Rd in Mandarine und 8 Rd in Canari. Außerdem nach 72 Rd die 1. Abnahmerunde arbeiten und insgesamt nur 82 Rd str.
Für den **Kopf** 8 M in Weiß anschlagen und in Rd rechte M str. In jeder 2. Rd verteilt 7 × je 4 M zunehmen = 36 M. In der 15. Rd, 1 Rd nach den Zunahmen, für die Nase über 1 M 1 Noppe str. Dafür aus der letzten M der 2. Nadel 1 M re, 1 M re verschränkt und 1 M re herausstr, wenden 3 M li str, wenden, 3 M re str, dann nacheinander die 1. und 2. M über die 3. M ziehen. Noch 3 Rd über alle M str, dann für die Abnahmen in jeder 2. Rd 7 × je 4 M verteilt abnehmen. Die restlichen 8 M mit dem Arbeitsfaden fest zusammenziehen.

Für die **Zipfelmütze** 36 M in Cyclam anschlagen und in Rd rechte M, immer im Wechsel je 1 Rd in Mandarine und Cyclam str. In der 8. Rd bei jeder Nadel je 1 M abnehmen. Diese Abnahmen in jeder 8. Rd 6 × wdh. Über die letzten 8 M noch 8 Rd str, dann die M mit dem Arbeitsfaden besonders fest zusammenziehen.
Für die **Halskrause** in Maigrün 23 Luftm häkeln, dann * 1 feste M in die vorletzte Luftm, je 1 Stäbchen in die folgenden 3 Luftm, 1 Kettm in die folgende 3. Luftm des Anschlags, 5 Luftm, dann ab * 5 × wdh, enden mit 1 Kettm in die 5. Luftm des Anschlags = 6 Spitzen.
Für die **Mützenumrandung** in Cyclam 56 Luftm häkeln, dann die Spitzen wie bei der Halskrause häkeln = 17 Spitzen.

Fertigstellung: Für den Mund unterhalb der Nase 1 Linie mit Stielstichen in Mandarine sticken. Für die Augen je 1 Knötchenstich in Azur. Die Wangen mit einem wasserfesten Stift in Orange aufmalen. Den Häkelrand an die Mütze nähen, die Mütze aufnähen. Arme und Beine in der Mitte abnähen, dann an den Kopf nähen. Die Halskrause um den Hals legen und zusammennähen. Die Mützenspitze mit einem Faden in Canari umwickeln (siehe Foto).

Achtung!

Während der Abnahmen den Kopf nach und nach ausstopfen.

Baby-Set in Blau und Mint

Pullover und Höschen

Größe: 68/74 (3–9 Monate).
Material: Schachenmayr Catania, 100 % Baumwolle (Lauflänge 125 m/50 g), 4 Kn in Tinte Nr. 175, 1 Kn in Mint Nr. 163. Stricknadeln Nr. 2½ und 3, Rundstricknadel Nr. 2½, Häkelnadel Nr. 3, 2 kleine Knöpfchen für die Schultern, 2 lustige Knöpfe zur Dekoration des Gürtels, Gummiband in der Länge der Taillenweite.
Glatt re, Nadeln Nr. 3: Hinr re, Rückr li.
Farbfolge I: * 12 R in Tinte, 2 R in Mint *, von * bis * wdh.
Farbfolge II: * 10 R in Tinte, 2 R in Mint *, von * bis * wdh.
Bündchenmuster, Nadeln Nr. 2½: 1 M re, 1 M li im Wechsel.
Maschenprobe, Nadeln Nr. 3: 26 M und 35 R = 10 × 10 cm.

Anleitung Pullover

Rückenteil: 74 M mit Nadeln Nr. 2½ in Tinte anschlagen und 1 cm im Bündchenmuster str. Weiter mit Nadeln Nr. 3 im Grundmuster str. In 14 cm Höhe für die Armausschnitte beidseitig je 5 M abketten. In 26 cm Höhe die mittleren 34 M abketten. In 27 cm Höhe die M der rechten Schulter abketten und die M der linken Schulter stilllegen.
Vorderteil: Dieses Teil wie Rückenteil str. In 23 cm Höhe für den vorderen Halsausschnitt die mittleren 12 M abketten und beidseitig an den Ausschnittkanten in jeder 2. R noch 1 × 4, 1 × 3, 1 × 2 und 2 × 1 M abketten. In 27 cm Höhe die M der rechten Schulter stilllegen und die M der linken Schulter abketten.
Ärmel: 42 M mit Nadeln Nr. 2½ in Marine anschlagen und 1 cm im Bündchenmuster str. In der letzten Rückr verteilt 4 M aufnehmen = 46 M. Weiter mit Nadeln Nr. 3 im Grundmuster und der Farbfolge I str. Gleichzeitig für die Ärmelschrägung beidseitig in jeder 4. R 10 × 1 M aufnehmen = 66 M. In 17 cm Höhe alle M locker abketten.
Fertigstellung: Die stillgelegten M der rückwärtigen Schultern wieder in Arbeit nehmen, dazu aus der Halsblendenkante noch 4 M aufnehmen und über alle M 1 cm im Bündchenmuster anstr. Die M abketten. Beim Vorderteil ebenso ein Bündchen str, jedoch in der 1. R 2 kleine Knopflöcher einarbeiten. Die M abketten. Mit der Rundstricknadel um den Halsausschnitt 84 M in Tinte auffassen und 1 cm im Bündchenmuster str. Die M locker abketten. Teile spannen, unter feuchten Tüchern trocknen lassen und zusammennähen. Ärmel einnähen.
Gürtel: Mit den Nadeln Nr. 2½ in Mint 13 M anschlagen und 43 cm im Bündchenmuster str. Alle M locker abketten. Den Gürtel um den fertig zusammengenähten Pullover schlingen und vorne mit den Dekoknöpfchen zusammen an das Pulloverteil annähen. 2 kleine Knöpfe an die Schulterpasse annähen. Mit der Häkelnadel alle Bündchenkanten und die Halskante in Mint mit Pikotm (siehe Seite 10) umhäkeln.

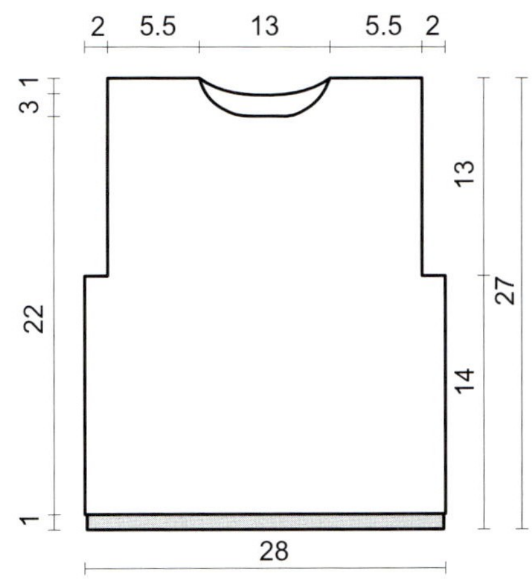

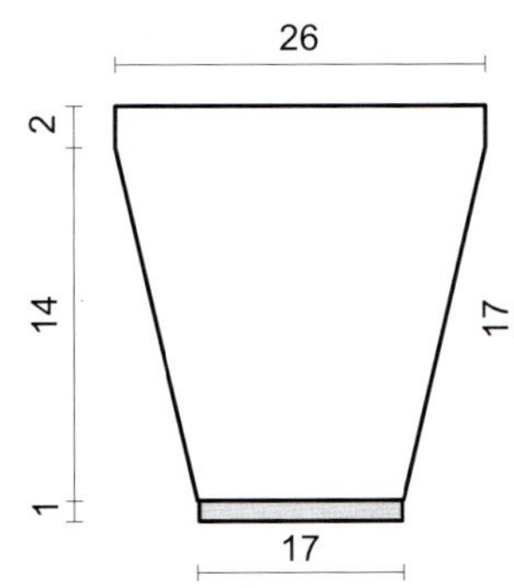

Anleitung Höschen

Vorderteile: Linkes Bein: 32 M mit Nadeln Nr. 2½ in Tinte anschlagen und 3 R im Bündchenmuster str. Mit den Nadeln Nr. 3 im Grundmuster und der Farbfolge II weiterstr. Für die innere Beinschrägung in jeder 10. R 2 × 1 M aufnehmen. Gleichzeitig für die äußere Beinschrägung in jeder 14. R 3 × 1 M aufnehmen = 37 M. In 9 cm Höhe alle M stilllegen = 35 M. Rechtes Bein: Gegengleich str. Nun beide Teile zusammenfügen und dabei die mittlere Randm abnehmen. Die restlichen M an den Außenkanten weiterhin aufnehmen = insgesamt 72 M. In 17 cm Höhe ab Zusammenschluss der beiden Beinchen in Mint noch 4 cm im Bündchenmuster str. Alle M locker abketten.

Rückenteile: Wie Vorderteile str.

Fertigstellung: Vorder- und Rückenteile zusammennähen. Den Taillensaum bei der Bruchkante umlegen und annähen. Gummiband einziehen. An die unteren Kanten der Beinchen in Mint mit der Häkelnadel Pikotm anhäkeln. (Die Häkelanleitung für die Pikotm finden Sie auf Seite 10.)

Rollmütze

Größe: 68/74 (3–9 Monate).

Material: Schachenmayr Catania, 100 % Baumwolle (Lauflänge 125 m/50 g), 1 Kn in Tinte Nr. 175, 1 Kn in Mint Nr. 163 (oder Reste vom Baby-Set). Nadelspiel Nr. 2½–3.

Grundmuster, Nadeln Nr. 3½: Glatt re: In Rd nur rechte M. Farbfolge: 4 Rd in Tinte, 2 Rd in Mint im Wechsel.

Anleitung

112 M in Mint auf 4 Nadeln verteilt anschlagen und 12 Rd im Grundmuster str. Weiter in der angegebenen Farbfolge str. In 13 cm Höhe mit den Abnahmen beginnen: * 12 M re, 2 M re zusammenstr *, von * bis * 7 × wdh = 8 Abnahmen bis zu Rd-Ende. Diese 8 Abnahmen in jeder Rd wdh, bis noch 8 M übrig sind. Diese M zusammenziehen. Eine Quaste in beiden Farben arbeiten und an die Mützenspitze nähen.

Quasten:

Für Quasten benötigen Sie Garnreste und ein rechteckiges Pappstück in der Höhe der gewünschten Quastenlänge. Einen doppelten Faden auf die obere Kante der Pappe legen und beides locker mit dem Garn umwickeln. Dann die oberen Fäden sehr fest verknoten und das Fadenbündel an der unteren Kante durchschneiden. Das Bündel etwa 1 cm unterhalb der oberen Kante fest abbinden, die Endfäden durch das abgenähte Teil ziehen und abschneiden. Zum Schluss die untere Kante der Quaste begradigen.

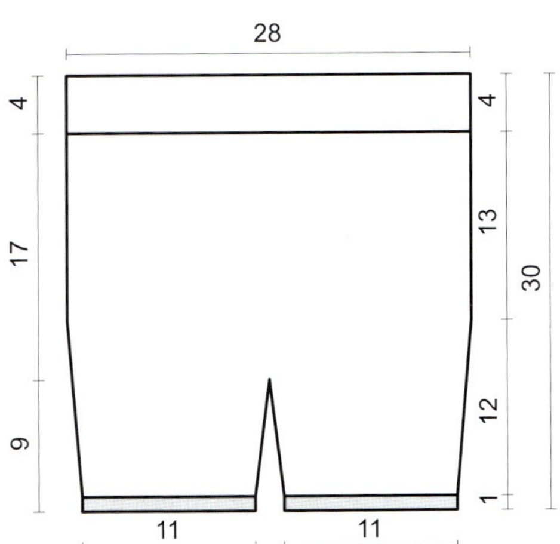

Jäckchen in zartem Blau

Größe: 80/86 (9–12 Monate).
Material: Schachenmayr Paradiso, 100 % Polyamid (Lauflänge 60 m/50 g), 5 Kn in Bleu Nr. 53. Stricknadeln Nr. 4 und 5, Rundstricknadel Nr. 4, 3 passende Knöpfe, 1 Rest Weiß für die Kragenquasten.
Kraus re, Nadeln Nr. 4: Hinr re, Rückr re.
Grundmuster, Nadeln Nr. 5: Glatt re: Hinr re, Rückr li.
Maschenprobe, Nadeln Nr. 5: Glatt re: 16 M und 18 R = 10 × 10 cm.

Anleitung

Rückenteil: 48 M mit Nadeln Nr. 4 anschlagen und 5 R kraus re str. Weiter mit Nadeln Nr. 5 im Grundmuster str. In 17 cm Höhe für die Armausschnitte beidseitig 4 M abketten. In 32 cm Höhe alle M locker abketten.
Linkes Vorderteil: 22 M mit Nadeln Nr. 4 anschlagen und 5 R kraus re str. Weiter mit Nadeln Nr. 5 im Grundmuster str. Für den Armausschnitt in 17 cm Höhe an der rechten Arbeitskante 4 M abketten. Nach weiteren 9 cm für die Halsrundung an der linken Arbeitskante in jeder 2. R 1 x 3, 2 x 2 und 1 x 1 M abketten. In 32 cm Höhe die restlichen 10 M locker abketten.
Rechtes Vorderteil: Gegengleich zum linken Teil str.
Ärmel: 32 M mit Nadeln Nr. 4 anschlagen und 5 R kraus re str. Weiter mit Nadeln Nr. 5 im Grundmuster str und gleichzeitig für die Ärmelschrägung in jeder 4. R 7 x 1 M aufnehmen (= 46 M). In 19 cm Höhe alle M locker abketten.
Fertigstellung: Teile spannen und unter feuchten Tüchern trocknen lassen. Schulter- und Seitennähte schließen, Ärmel einpassen und Nähte schließen.
Verschlussblende: An den vorderen Kanten mit den Nadeln Nr. 4 die M auffassen und 2 cm 1 M re, 1 M li im Wechsel str, wobei an der rechten Blende 3 Knopflöcher gearbeitet werden, das 1. Knopfloch ca. 10 cm ab dem unteren Rand, 2 weitere mit 5 cm Abstand.
Kragen: Um den Halsausschnitt mit der Rundstricknadel Nr. 4 die Halsmaschen auffassen und im Grundmuster 4 cm str, weiter noch 5 R kraus re. Alle M locker abketten. Knöpfchen annähen. Aus dem weißen Restmaterial 2 Quasten anfertigen (siehe Seite 20) und an die Kragenspitzen nähen.
Das Rollmützchen wie auf Seite 20 beschrieben in Blau und Weiß str.

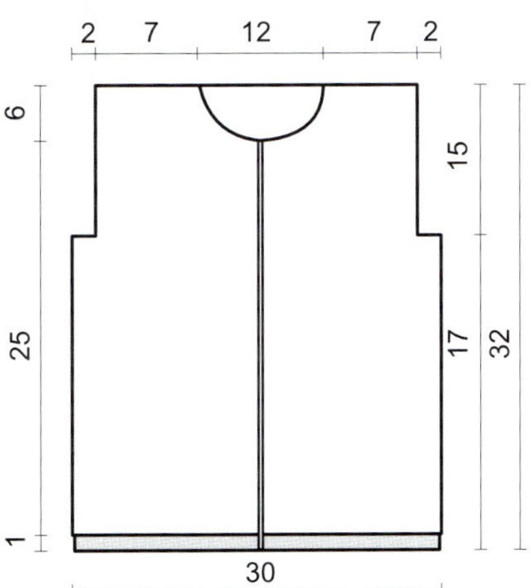

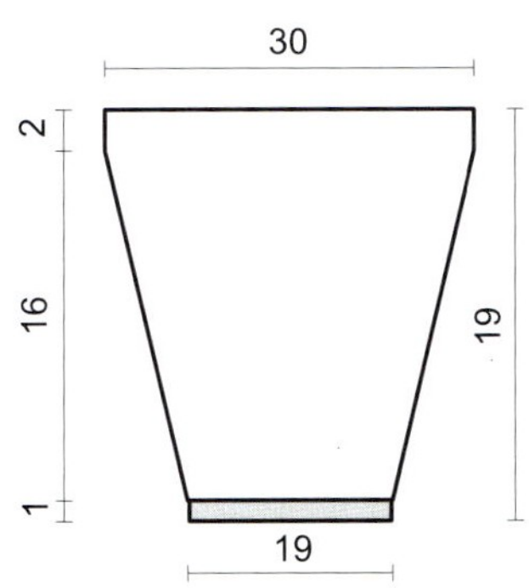

Kuschelclown

Material: Schachenmayr Catania, 100 % Baumwolle (Lauflänge 125 m/50 g), je ca. 20 g in Weiß Nr. 106, Azur Nr. 174, Pink Nr. 223, je ca. 10 g in Mandarine Nr. 209, Lachs Nr. 148, Tinte Nr. 175, Signalrot Nr. 115, Birke Nr. 219, Canari Nr. 129. Nadelspiel Nr. 2½–3½ und Häkelnadel Nr. 2½–3½, Sticknadel ohne Spitze, Füllwatte.
Grundmuster: Glatt re: Einfarbig oder in Jacquardtechnik jede Rd re nach Strickschema str. Beim Jacquardmuster die Fäden auf der Arbeitsrückseite verkreuzen, wenn mehr als 7 Maschen überspannt werden müssen. Gekennzeichnet ist die Vorderseite, die Rückseite ebenso str.
Maschenprobe, Nadeln Nr. 2½–3½: 26 M und 33 Rd = 10 × 10 cm.

Anleitung

72 M (18 M je Nadel) in Tinte auf das Nadelspiel verteilt anschlagen und glatt re nach Strickschema str. Rundenbeginn ist in der hinteren Mitte. Die Zu- und Abnahmen wie gezeichnet arbeiten. Am Ende der Zeichnung über die restlichen 28 M noch 1 Rd str, dabei 14 × 2 M re zusammenstr = 14 M. Diese M auf einem doppelten Faden stilllegen.
Die Vorderseite nach Schema und Abbildung besticken. Den Clown spannen, anfeuchten und trocknen lassen, dann ausstopfen. Den Anschlagrand zusammennähen, die stillgelegten M der Mütze zusammenziehen. Die Beine mit Steppstichen in Tinte abteilen. Um den Hals Vorstiche in Lachs arbeiten und den Hals auf ca. 20 cm Durchmesser zusammenziehen. Als

Strickschema

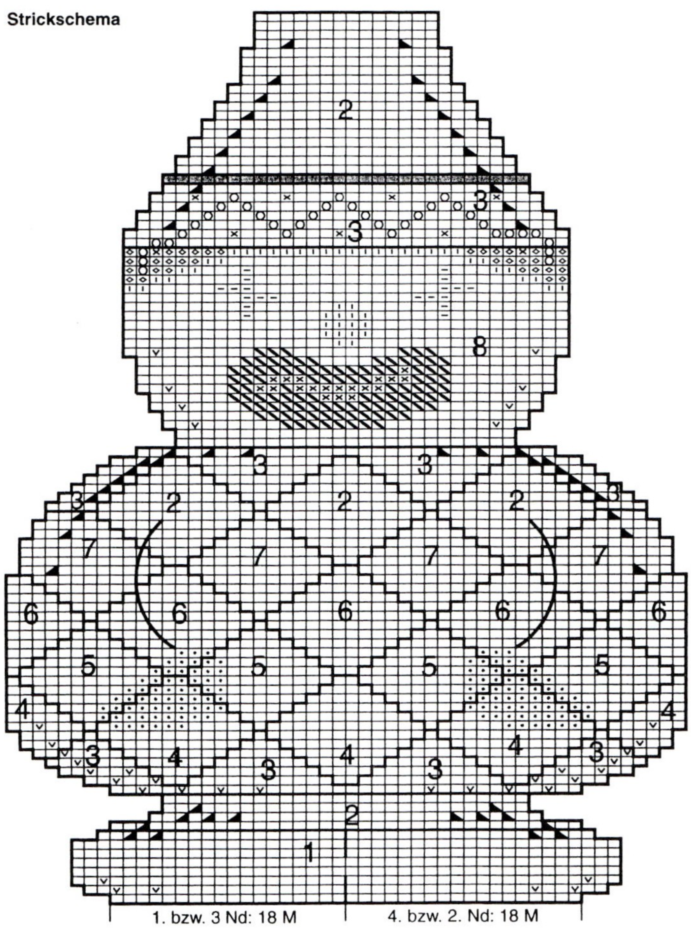

Zeichenerklärung:

Stricken
1 = Tinte
2 = Azur
3 = Canari
4 und
[Symbol] = Pink
5 = Weiß
6 = Mandarine
7 = Birke
8 = Lachs
[Symbol] = 1 M re verschränkt aus dem Querfaden str
[Symbol] = 2 M re zusammenstr
[Symbol] = 1 M re abheben, 1 M re str und die abgehobene M überziehen

Sticken
[Symbol] = 1 Maschenstich in Canari
[Symbol] = 1 Maschenstich in Signalrot
[Symbol] = 1 Maschenstich in Birke
[Symbol] = 1 Maschenstich in Azur
[Symbol] = 1 Maschenstich in Weiß
[Symbol] = 1 Maschenstich in Lachs
[Symbol] = 1 Maschenstich in Pink
[Symbol] = Stielstiche in Tinte
[Symbol] = Steppstiche in Tinte

Haare Fransen in Mandarine unterhalb der Mütze auf den Hinterkopf und die Seiten knüpfen. Einen Pompon (siehe Seite 40) in Pink mit ca. 4 cm Durchmesser anfertigen und auf den Mützenzipfel nähen.

Kragen in Weiß: 37 Luftm häkeln und mit 1 Kettm in die 1. Luftm zum Ring schließen.

1. Rd: 1 Luftm, 36 feste M und 1 Kettm in die Luftm häkeln.
2. Rd: 1 Luftm, * 1 feste M, mit 5 Luftm 1 M der 1. Rd übergehen, 2 feste M, ab * stets wdh, 1 Kettm in die Luftm.
3. Rd: 1 Luftm, * in den Luftm-Bogen 1 feste M, 1 halbes Stäbchen, 3 Stäbchen, 1 halbes Stäbchen und 1 feste M häkeln, 1 feste M in die folgende 2. feste M, ab * stets wdh, 1 Kettm in die Luftm.
4. Rd: 1 Luftm, * mit 3 Luftm 1 M der 3. Rd übergehen, 1 feste M, ab * stets wdh, 1 Kettm in die Luftm.
5. Rd: 1 Luftm, dann in jeden Bogen 3 feste M häkeln, 1 Kettm in die Luftm.

Den Kragen über den Kopf ziehen.

2 **Knöpfe** in Signalrot häkeln: Je Knopf 4 Luftm häkeln.

1. Rd: In die 1. Luftm 9 Stäbchen häkeln und mit 1 Kettm zum Ring schließen.
2. Rd: * 1 Luftm, 1 feste M zwischen die beiden folgenden Stäbchen häkeln, ab * stets wdh, 1 Kettm in die Luftm. Die Knöpfe aufnähen.

Wickeljäckchen, Schühchen und Handschuhe

Größe: 68 und 74 (3–9 Monate).
Material: Schachenmayr Timmi, 50 % Polyacryl, 25 % Schurwolle, 25 % Viskose (Lauflänge 200 m/ 50 g), je 2 Kn in Bleu Nr. 4804 und Jade Nr. 4807. Stricknadeln Nr. 3, Rundstricknadel Nr. 3, 3 blaue Herzknöpfchen (z. B. von Dill). Für die Schühchen: Je ½ Kn in Jade und Bleu. Ca. 1,5 m blaues Satinband, ca. 1 cm breit, Nadelspiel Nr. 3. Für die Handschuhe: Je 1 Kn in Bleu und Hellgelb Nr. 4808. Nadelspiel Nr. 2½ und 3.
Grundmuster, Nadeln Nr. 3: Glatt re: Hinr re, Rückr li. Farbfolge: 6 R in Bleu, 6 R in Jade im Wechsel.
Kraus re, Nadeln Nr. 3: Hinr re, Rückr re; in Runden 1 Rd rechte M, 1 Rd linke M str.
Lochmuster, Nadeln Nr. 3: Gemäß Schemazeichnung.
Maschenprobe, Nadeln Nr. 3: Glatt re: 25 M und 38 R = 10 × 10 cm.

Wickeljäckchen

Rückenteil: 66/74 M mit Nadeln Nr. 3 in Jade anschlagen und 16 R kraus re str. Weiter im Grundmuster und der angegebenen Farbfolge str. In 22/28 cm Höhe für den hinteren Halsausschnitt die mittleren 18/22 M abketten und beidseitig an den Ausschnittkanten in jeder 2. R noch 1 × 3 M abketten. In 23/29 cm Höhe die 21/23 Schultermaschen locker abketten.
Rechtes Vorderteil: 66/74 M mit Nadeln Nr. 3 in Jade anschlagen und 16 R kraus re str. Weiter im Grundmuster str und für die Blende die ersten 6 M kraus str. 8 cm ab Anschlag für die Ausschnittschrägung an der rechten Arbeitskante in jeder 2. R 15 × (11 ×) 2 M und 15 × (29 ×) 1 M abnehmen. Die Abnahmen nach den Blendenm arbeiten. In 23/29 cm Höhe die 21/23 M locker abketten.
Linkes Vorderteil: 55/65 M in Bleu mit Nadeln Nr. 3 anschlagen und 16 R kraus re str. Weiter im Grundmuster str und für die Blende die letzten 6 M kraus re str. Gleichzeitig für die Knopflöcher 2 cm ab Anschlag und 2 × folgend nach 4,5 cm (6 cm) die 3. und 4. Blendenm abketten und in der folgenden R neu anschlagen. 11/15 cm ab Anschlag für die Ausschnittschrägung an der linken Arbeitskante in jeder 2. R 9 × (13 ×) 2 und 16 × 1 M abnehmen. In 23/29 cm Höhe die 21/23 M locker abketten.

Tipp:

Am jadefarbenen Vorderteil kann an der unteren Spitze eine kleine Öse angehäkelt und an der linken Jackenseite innen seitlich ein kleiner Knopf angenäht werden. So hält das jadefarbene Wickelteil richtig gut.

Ärmel: 30/34 M in Bleu (Jade) mit Nadeln Nr. 3 anschlagen und 16 R kraus re str. In der letzten Rückr verteilt 8 M aufnehmen = 38/42 M. Weiter im Lochmuster nach Strickschema str und gleichzeitig für die Ärmelschrägung beidseitig in jeder 4. R 10 × (12 ×) 1 M mustergemäß aufnehmen = 58/66 M. Nach 8 cm Lochmuster im Grundmuster weiterstr. In 15/18 cm Höhe alle M locker abketten.

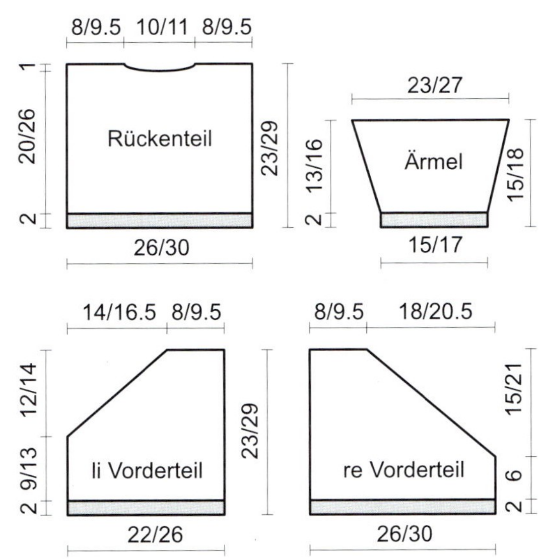

Lochmuster

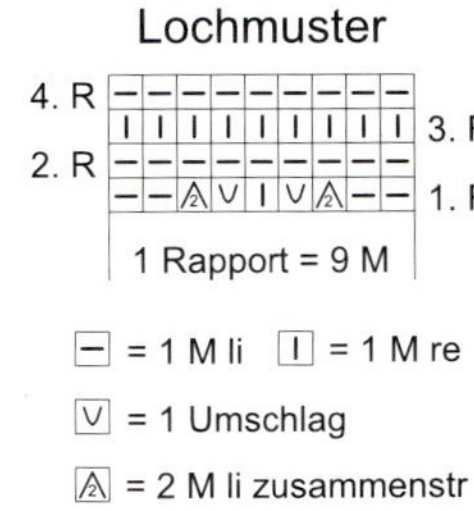

Fertigstellung: Teile spannen und unter feuchten Tüchern trocknen lassen. Aus dem hinteren Ausschnitt mit der Rundstricknadel ca. 30/36 M auffassen und 8 R kraus re str. Die M abketten. Die Schulternähte schließen. Die Ärmel so einsetzen, dass die Ärmelmitte an der Schulternaht liegt. Die Ärmel- und Seitennähte schließen. Die 3 Knöpfchen annähen.

Schühchen

Auf 4 Nadeln verteilt je 48 M in Jade anschlagen und zur Rd schließen. 14 Rd kraus re str. Weiter im Lochmuster nach Strickschema str. Nach 5 cm für den Rist über den mittleren 15 M in Hellblau kraus re str, die restlichen M stilllegen. Nach 5 cm in Runden wie folgt arbeiten: 15 Rist-M, 11 M aus dem seitlichen linken Ristrand aufnehmen, die 33 stillgelegten M und 11 M aus dem rechten seitlichen Rand aufnehmen (= 70 M). 12 Rd in Bleu kraus re str. Für die Sohle die M wie folgt aufteilen: 14 Rist-M für die Spitze, 21 M linke Seite, 14 M für die Ferse, 21 M rechte Seite. In Rd kraus re str. Dabei in jeder Rd jeweils die ersten 2 und die letzten 2 M auf der Nadel für die Spitze und für die Ferse re zusammenstr, bis nur noch je 1 M auf der Nadel ist. Die restlichen M stilllegen.

Fertigstellung: Die stillgelegten M gegeneinander im M-Stich schließen. Den Faden vernähen. Das Satinband durch die Lochrunde ziehen.

Handschuhe
40/44 M in Bleu mit Nadelspiel Nr. 2½ anschlagen (M auf 4 Nadeln verteilen) und 7 Rd im Bündchenmuster 1 M re, 1 M li im Wechsel str. Anschließend weiter im Bündchenmuster 7 Rd in Hellgelb und wieder 7 Rd in Bleu str (insgesamt ca. 4,5 cm). Weiter mit Nadelspiel Nr. 3 rechte M str, dabei für den Kordeldurchzug in der 3. Rd * 1 Umschlag, 2 M re zusammenstr *, von * bis * wdh. Nach 6/7 cm ab Bündchen mit den Abnahmen wie folgt beginnen: Am Anfang der 1. und 3. Nadel 1 M abheben, 1 M str, die abgehobene M überziehen, am Ende der 2. und 4. Nadel 2 M re zusammenstr. Diese Abnahmen in jeder Rd wdh, bis noch 16 M (= je 8 M) übrig bleiben. Diese M im M-Stich zusammennähen. Auf beide Handschuhe in Hellgelb ein Herz gemäß Stickschema im M-Stich aufsticken. In Hellgelb 2 ca. 48 cm lange Kordeln drehen und in die Lochrunde einziehen.

Tipp:

Sehr hübsch wirken die Handschuhe auch, wenn sie in Hellgelb gestrickt und mit einem blauen Herzen verziert werden.

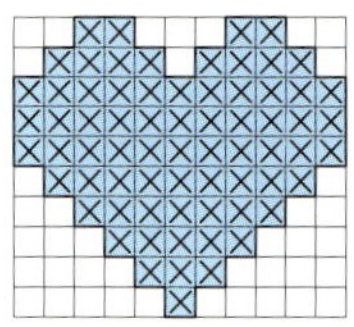

Kombination in Lachs und Weiß

Babyjäckchen und Mütze

Größe: 80/86 (9–12 Monate).
Material: Schachenmayr Catania, 100 % Baumwolle (Lauflänge 125 m/50 g), 4 Kn in Jaffa Nr. 189 (oder Mandarine Nr. 209), 1 Kn in Lachs Nr. 148; Paradiso, 100 % Polyamid (Lauflänge 60 m/50 g), 1 Kn in Papaya Nr. 28. Stricknadeln Nr. 3½ und 5, Rundstricknadeln Nr. 3 und 5, 5 passende Knöpfe.
Kraus re, Nadeln Nr. 3½ und 5: Hinr re, Rückr re.
Grundmuster, Nadeln Nr. 3½: Glatt re: Hinr re, Rückr li.
Gerstenmuster, Nadeln Nr. 3½: 2 M re, 2 M li im Wechsel, in jeder 3. R versetzt str.
Maschenprobe, Nadeln Nr. 3½: Grundmuster: 27 M und 36 R = 10 × 10 cm.

Anleitung Jäckchen

Rückenteil: 44 M mit Nadeln Nr. 5 in Papaya anschlagen und 5 R kraus re str. Weiter in Jaffa mit Nadeln Nr. 3½ im Grundmuster str und in der 1. Hinr verteilt 41 M aufnehmen = 85 M. Nach 12 R weiter in Lachs über 6 R kraus str. Weiter in Jaffa im Grundmuster str. In 17 cm Höhe für die Armausschnitte beidseitig 2 × 3, 1 × 2 und 2 × 1 M abketten. In 31 cm Höhe für den hinteren Halsausschnitt die mittleren 15 M abketten und beidseitig an den Ausschnittkanten in jeder 2. R noch 2 × 5 M abketten. In 32 cm Höhe die restlichen 15 M locker abketten.
Linkes Vorderteil: 21 M mit Nadeln Nr. 5 in Papaya anschlagen und 5 R kraus re str. Weiter in Jaffa mit Nadeln Nr. 3½ im Grundmuster str und in der 1. Hinr verteilt 18 M aufnehmen = 39 M. Für den Armausschnitt in einer Höhe von 17 cm an der rechten Arbeitskante 2 × 3, 1 × 2 und 2 × 1 M abketten. In 25 cm Höhe für den vorderen Halsausschnitt an der linken Arbeitskante in jeder 2. R 1 × 4, 1 × 3, 2 × 2 und 3 × 1 M abketten. In 32 cm Höhe die restlichen 15 M locker abketten.
Rechtes Vorderteil: Gegengleich zum linken Vorderteil str.
Ärmel: 25 M mit Nadeln Nr. 5 in Papaya anschlagen und 5 R kraus re str. Weiter in Jaffa mit Nadeln Nr. 3½ im Grundmuster str und in der 1. Hinr verteilt 22 M aufnehmen = 47 M. Weiter in Jaffa str und gleichzeitig für die Ärmelschrägung beidseitig in jeder 4. R 16 × 1 M aufnehmen. Nach 12 R weiter 6 R in Lachs kraus re, 6 R in Jaffa im Grundmuster, 6 R in Lachs kraus re str. In der folgenden R in der Nadelmitte 1 M aufnehmen = gerade M-Zahl. Weiter das Teil in Jaffa im Gerstenmuster beenden. In 17,5 cm Höhe für die obere Ärmelschrägung beidseitig 2 × 3, 1 × 2 und 2 × 1 M abketten. In 21 cm Höhe die restlichen 60 M locker abketten.
Fertigstellung: Teile spannen und unter feuchten Tüchern trocknen lassen. Schulter- und Seitennähte schließen, Ärmel einpassen und Nähte schließen. Verschlussblende: An den vorderen Kanten mit den Nadeln Nr. 5 je ca. 40 M auffassen und 6 R kraus re str, wobei an der rechten Blende 5 Knopflöcher eingearbeitet werden; das 1. Knopfloch 2 cm ab unterem Rand, jedes weitere mit 4,5 cm Abstand.
Kragen: Mit der Rundstricknadel Nr. 3 ca. 90 M in Lachs auffassen und 4 cm hoch im Gerstenmuster str. Weiter mit Nadeln Nr. 5 in Papaya 4 Rd kraus re str, dabei in der 1. Rd die M-Zahl um die Hälfte reduzieren = jede 2. M re zusammenstr = 45 M. Alle M locker abketten und die Knöpfchen an die Verschlussblende nähen.

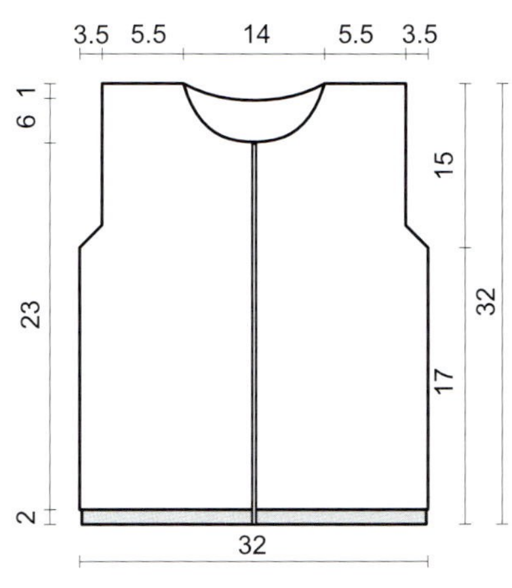

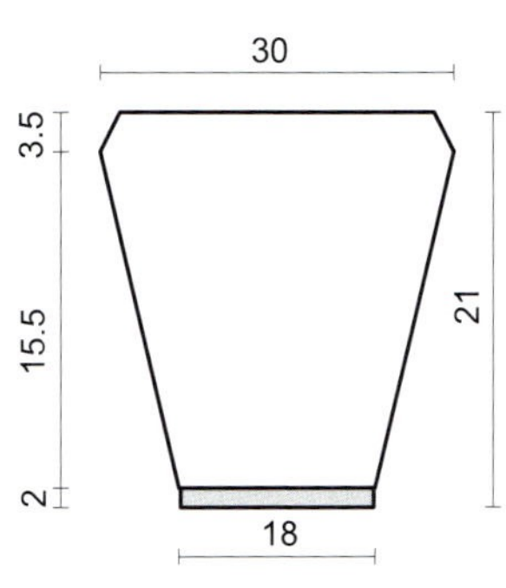

Anleitung Mütze

58 M mit der Rundstricknadel Nr. 5 in Papaya anschlagen und 6 R kraus re str. Weiter in Jaffa arbeiten und in der 1. R verteilt 55 M aufnehmen = 113 M. Nun die M mit der Rundstricknadel Nr. 3½ zur Rd schließen und gleichzeitig in der 1. Rd 2 M zusammenstr = 112 M. In Runden weiterstr: 11 Rd in Jaffa, in Lachs 1 Rd re, 1 Rd li, 1 Rd re, 1 Rd li, 1 Rd re, 1 Rd li, 6 Rd in Jaffa, in Lachs 1 Rd re, 1 Rd li, 1 Rd re, 1 Rd li, 1 Rd re, 1 Rd li, Käppchen in Jaffa beenden. In ca. 11 cm Höhe ab Anschlag mit den Schlussabnahmen beginnen: * 12 M re, 2 M re zusammenstr *, von * bis * noch 7 × wdh = 8 Abnahmen bis zum Rd-Ende. Diese Abnahmen in jeder 2. Rd genau übereinander wdh, bis je 5 M zwischen den Abnahmen verbleiben. Nun die Abnahmen in jeder Rd wdh, bis noch 8 M verbleiben. Diese Restm zusammenziehen. Das Blendenbündchen zusammennähen. An die Spitze in Papaya ein kleines Zipfelchen anhäkeln. Hierfür eine Luftmkette in Papaya von 7 cm Länge häkeln, wenden, in der Rückr in die Luftm feste M häkeln, an die Mütze anhäkeln, Fäden vernähen.

Höschen

Größe: 68/74 (6–9 Monate).
Material: Schachenmayr Catania, 100 % Baumwolle (Lauflänge 125 m/50 g), 2 Kn in Lachs Nr. 148, 2 Kn in Weiß Nr. 106; Paradiso, 100 % Polyamid (Lauflänge 60 m/50 g), 1 Kn in Papaya Nr. 28. Stricknadeln Nr. 3, 3½ und 5, Gummiband in der Länge der Taillenweite.
Grundmuster, Nadeln Nr. 3½: Glatt re: Hinr re, Rückr li. Farbfolge: 6 R in Weiß, 6 R in Lachs im Wechsel.
Kraus re, Nadeln Nr. 5: Hinr re, Rückr re.
Bündchenmuster, Nadeln Nr. 3: 1 M re, 1 M li im Wechsel.
Maschenprobe, Nadeln Nr. 3½: 26 M und 18 R = 10 × 10 cm.

Anleitung

Vorderteil: 1. Bein: 18 M in Papaya mit Nadeln Nr. 5 anschlagen und 6 R kraus re str. Weiter mit Nadeln Nr. 3½ in Weiß im Grundmuster str und in der 1. R verteilt 15 M aufnehmen = 33 M. Weiter im Grundmuster und der angegebenen Farbfolge str. Für die Beinschrägung beidseitig in jeder 6. R 5 × 1 M aufnehmen. In 11 cm Höhe die M stilllegen. 2. Bein: Wie 1. Bein str. Nun die Maschen beider Beinchen zusammenfügen, in der Mitte 4 M dazu anschlagen = 90 M. Im Grundmuster und der Farbfolge str und beidseitig für die Schrägung in jeder 12. R 5 × 1 M abnehmen = 80 M. In 30 cm Höhe mit den Nadeln Nr. 3 in Lachs 5 cm im Bündchenmuster str. Alle M abketten.
Rückenteil: Wie Vorderteil str.
Fertigstellung: Teile spannen, unter feuchten Tüchern trocknen lassen und zusammennähen. Die Taillenborte zur Hälfte nach innen legen und locker annähen. Eine kleine Öffnung belassen und das Gummiband auf Taillenweite einziehen.

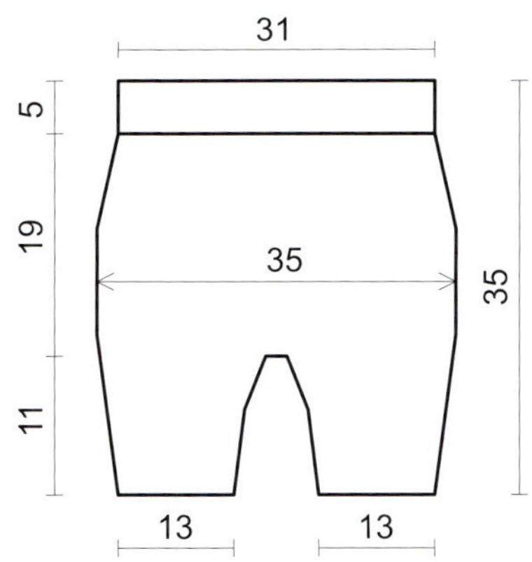

Rollmütze und Jäckchen in Rosé

Rollmütze

Größe: 86 (1 Jahr).

Material: Schachenmayr Micro, 100 % Polyacryl (Lauflänge 145 m/50 g), 1 Kn in Sorbet Nr. 32. Nadelspiel Nr. 3½.

Grundmuster, Nadeln Nr. 3½: Glatt re: Hinr re, Rückr re.

Anleitung

112 M anschlagen (auf 4 Nadeln verteilt) und im Grundmuster in Rd str. In 16 cm Höhe mit den Schlussabnahmen beginnen: *12 M re, 2 M re zusammenstr*, von * bis * 7 × wdh = 8 Abnahmen bis zum Rd-Ende. Diese 8 Abnahmen in jeder 2. Rd genau übereinander wdh, bis je 5 M zwischen den Abnahmen verbleiben. Nun die Abnahmen in jeder Rd wdh, bis noch 8 M verbleiben. Diese M zusammenziehen. Eine Quaste arbeiten (siehe Seite 20) und an die Mützenspitze nähen.

Jäckchen

Größe: 74/80 und 86/92 (6–11 Monate und 1–2 Jahre).

Die Angaben für die Größen 86/92 stehen hinter dem Schrägstrich.

Material: Schachenmayr Piccola, 70 % Polyacryl, 30 % Polyamid (Lauflänge 195 m/50 g), ½ Kn in Sorbet-Color Nr. 88; Merino, 100 % Schurwolle (Lauflänge 160 m/50 g), 1 Kn in Orchidée Nr. 33. Stricknadeln Nr. 3½, 4 passende Knöpfe.

Glatt re, Nadeln Nr. 3½: Hinr re, Rückr li.

Halbpatent, Nadeln Nr. 3½: Ungerade M-Zahl. Das Muster beginnt mit einer Rückr.

1. R (Rückr): Randm, 1 M mit 1 Umschlag li abheben, * 1 M re, 1 M mit 1 Umschlag li abheben, ab * stets wdh, Randm.

2. R (Hinr): Randm, 1 M mit 1 Umschlag re zusammenstr, * 1 M li, 1 M mit 1 Umschlag re zusammenstr, ab * stets wdh, Randm. Die 1. und 2. R stets wdh.

Grundmuster, Nadeln Nr. 3½: 8 R Halbpatent und 2 R glatt re im Wechsel.

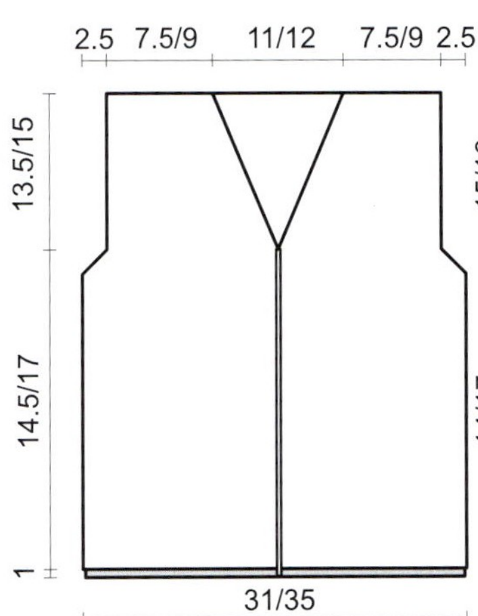

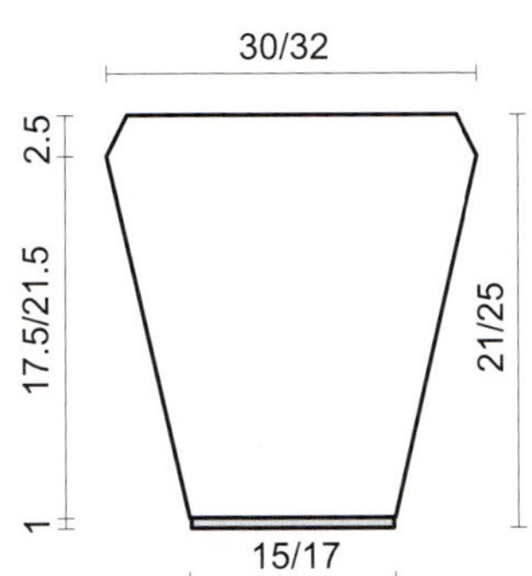

Maschenprobe, Nadeln Nr. 3½: Grundmuster: 24 M und 50 R = 10 × 10 cm.

Anleitung

Rückenteil: 75/83 M mit Nadeln Nr. 3½ in Orchidée anschlagen und für die Rollblende 4 R glatt re (= ca. 1 cm) str. Weiter in Meliert im Grundmuster str. In 14/17 cm Höhe für die Armausschnitte beidseitig 2 M abketten. Dafür am re Rand die Randm und 1 M str, die folgende M einschließlich Umschlag re abheben, die beiden folgenden M re zusammenstr und die abgehobene M und den Umschlag darüber ziehen, bis 6 M vor das Reihenende str und die 3 folgenden M re zusammenstr. Diese Abnahmen noch 2 × in jeder folgenden 2. R wdh = 63/71 M. In 15/16 cm Armausschnitthöhe alle M abketten = 29/33 cm Gesamthöhe.

Linkes Vorderteil: 39/45 M mit Nadeln Nr. 3½ in Orchidée anschlagen und für die Rollblende 4 R glatt re (= ca. 1 cm) str. Weiter in Meliert im Grundmuster str, dabei am vorderen Rand in den Rückr die Randm re str, folgende M li abheben mit Faden vor der M, in Hinr die vorletzte M re str und die Randm abheben mit Faden vor der M. Außerdem in der 1. Rückr für das Halbpatent nach den ersten 2 M das Halbpatent mit 1 M re beginnen. In 14/17 cm Höhe für den Armausschnitt am re Rand 6 M wie bei Rückenteil abketten = 33/39 M. In 15,5/18 cm Höhe für die Ausschnittschrägung bis 6 M vor das R-Ende str und die folgenden 3 M re zusammenstr. Diese Abnahmen noch 5 × in jeder 12. R / 6 × in jeder 12. R wdh. In 29/33 cm Höhe die restlichen 21/25 M locker abketten.

Rechtes Vorderteil: Gegengleich zum linken Vorderteil str, jedoch mit Knopflöchern. Am vorderen Rand in den Rückr die vorletzte M li abheben mit Faden vor der M und die Randm re str, in Hinr die Randm li abheben mit Faden vor der M und die folgende M re str. Für die Knopflöcher in der 9. R (Rückr) und noch 3 × im Abstand von 4/4,5 cm bis 6 M vor R-Ende str, 2 M li zusammenstr und 1 Umschlag arbeiten, den Umschlag in der folgenden R re

str. Für die Ausschnittschrägung die jeweils 4. M mit Umschlag re abheben, die 5. und 6. M re zusammenstr und die abgehobene M überziehen.

Ärmel: 39/43 M mit Nadeln Nr. 3½ in Orchidée anschlagen und für die Rollblende 4 R glatt re wie bei Rückenteil str. Weiter im Grundmuster str und gleichzeitig für die Ärmelschrägung beidseitig 12 × abwechselnd in jeder 4. und 6. R und 6 × in jeder 4. R/ 16 × in jeder 6. R und 2 × in jeder 4. R je 1 M aufnehmen = 75/79 M. In 18,5/22,5 cm Höhe beidseitig 1 M und anschließend noch 2 × nach jeweils 4 R beidseitig 1 M abketten = 69/73 M. Diese restlichen M abketten. Den 2. Ärmel genauso str.

Fertigstellung: Teile spannen und unter feuchten Tüchern trocknen lassen. Schulternähte schließen, Ärmel einpassen, dabei die Seitenränder der Rollblende von außen schließen. Knöpfe annähen.

Jäckchen mit Würfelmuster

Größe: 86/92 (1–2 Jahre).
Material: Schachenmayr Merino, 100 % Schurwolle (Lauflänge 160 m/50 g), 5 Kn in Nature Nr. 02. Stricknadeln Nr. 4, 1 lange, offene Stricknadel Nr. 4 für den Kragen, 4 Knöpfe in passender Farbe.
Kraus re, Nadeln Nr. 4: Hinr re, Rückr re.
Grundmuster, Nadeln Nr. 4: Würfelmuster: 4 M re, 4 M li im Wechsel, in jeder 6. R versetzt str.
Maschenprobe, Nadeln Nr. 4: Grundmuster: 23 M und 30 R = 10 × 10 cm.

Anleitung

Vorder- und Rückenteil werden in einem Stück gearbeitet. 136 M anschlagen (8 Blendenm, 120 Grundmusterm, 8 Blendenm). Gemäß Schemazeichnung str, dabei am re Arbeitsrand in die 8 M kraus re in regelmäßigem Abstand 3 Knopflöcher arbeiten. Hierfür an entsprechender Stelle 3 M abketten und in der folgenden Rückr wieder anschlagen.
Ärmel: 38/44 M anschlagen und 8 R kraus re str. Weiter im Grundmuster str und gleichzeitig für die Ärmelschrägung beidseitig in jeder 4. R 15/17 × 1 M aufnehmen = 68/78 M. In 20/23 cm Höhe alle M locker abketten.
Fertigstellung: Teile spannen und unter feuchten Tüchern trocknen lassen. Schulternähte schließen, Ärmel in die Seitenkanten einpassen und annähen. Teile zu einer Jacke in Form legen und die Seiten- und Ärmelnähte schließen. Um den Halsausschnitt mit der langen Stricknadel 68 M auffassen und 8 R kraus re str, dabei gleichzeitig an der rechten Arbeitskante das letzte Knopfloch arbeiten. Alle M abketten. Knöpfe annähen.

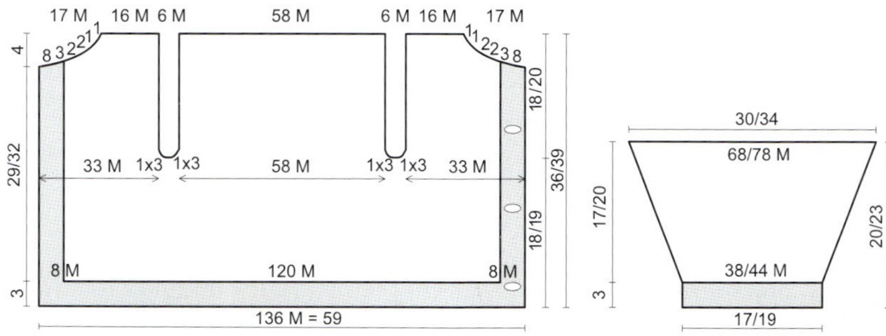

Kleinkinderpullover mit gelben Zöpfen

Größe: 86 (1 Jahr).
Material: Schachenmayr Merino, 100 % Schurwolle (Lauflänge 160 m/50 g), 3 Kn in Mimose Nr. 20, 3 Kn in Nature Nr. 02. Stricknadeln Nr. 3½, Rundstricknadel Nr. 3, 1 Blumenknopf in Natur/Gelb (z. B. von Dill).
Grundmuster, Nadeln Nr. 3½: Glatt re: Hinr re, Rückr li.
Bündchenmuster, Nadeln Nr. 3½: 2 M re, 2 M li im Wechsel.
Zopfmuster, Nadeln Nr. 3½: Gemäß Schemazeichnung.
Maschenprobe, Nadeln Nr. 3½: Glatt re: 26 M und 34 R = 10 × 10 cm.

Anleitung

Rückenteil: 103 M mit Nadeln Nr. 3½ in Nature anschlagen. In der folgenden R wird bereits der Mittelzopf in das Bündchen gestrickt, d. h. die mittleren 25 M werden in Mimose im Zopfmuster gestrickt. Sie stricken also mit 3 Kn: 39 M in Natur im Bündchenmuster, 25 M in Mimose im Zopfmuster (= 2 M li, 9 M re, 3 M li, 9 M re, 2 M li), 39 M in Nature im Bündchenmuster. Dabei werden die Fäden beim Farbwechsel stets gekreuzt. In 3 cm Höhe werden die 39 M vor und die 39 M nach dem Mittelzopf glatt re gestrickt. In 34 cm Höhe für den hinteren Halsausschnitt die mittleren 31 M abketten und beidseitig an den Ausschnittkanten in der folgenden 2. R noch 1 × 4 M abketten. In 35 cm Höhe beidseitig die restlichen 32 Schulterm locker abketten.

Vorderteil: Wie Rückenteil str, jedoch für den vorderen Halsausschnitt in 30 cm Höhe die mittleren 19 M abketten und beidseitig an den Ausschnittkanten in jeder 2. R noch 1 × 4, 2 × 2 und 2 × 1 M abketten. In 35 cm Höhe beidseitig die restlichen 32 Schulterm locker abketten.
Ärmel: 42 M mit Nadeln Nr. 3½ in Mimose anschlagen und 3 cm im Bündchenmuster str. In der letzten Rückr verteilt 19 M aufnehmen = 61 M. Weiter im Zopfmuster gemäß Schemazeichnung str. Gleichzeitig für die Ärmelschrägung beidseitig in jeder 4. R 14 × 1 M aufnehmen = 89 M. In 22 cm Höhe alle M locker abketten.
Fertigstellung: Teile spannen, unter feuchten Tüchern trocknen lassen und zusammennähen. Um den Halsausschnitt mit der Rundstricknadel 100 M in Mimose auffassen und 2 cm im Bündchenmuster str. Alle M locker abketten. Auf das Vorderteil in die Zopfmitte den schmucken Blumenknopf aufnähen.

Zopfmuster
(ab 1. R wdh)

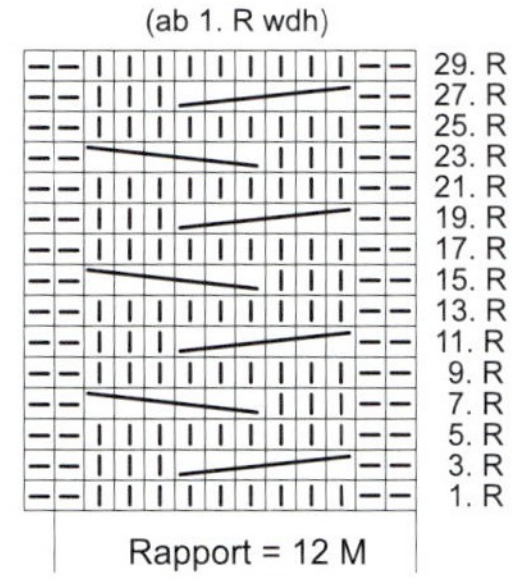

– = 1 M li   I = 1 M re
= 6 M nach re kreuzen, d. h. 3 M auf Hilfsnd hinter die Arbeit legen, 3 M re, die 3 M der Hilfsnd re str
= 6 M nach li kreuzen, d. h. 3 M auf Hilfsnd vor die Arbeit legen, 3 M re, die 3 M der Hilfsnd re str.

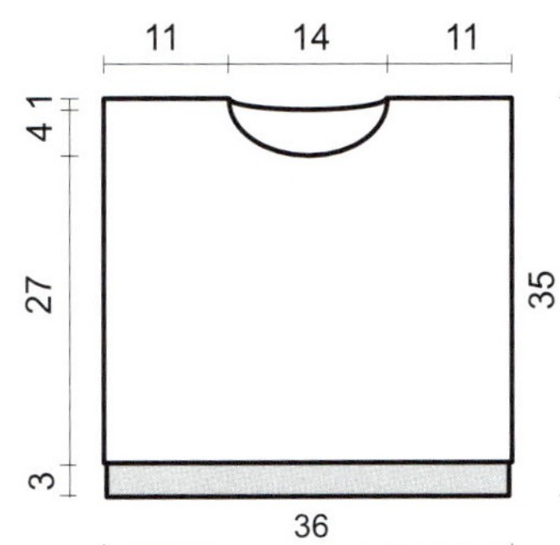

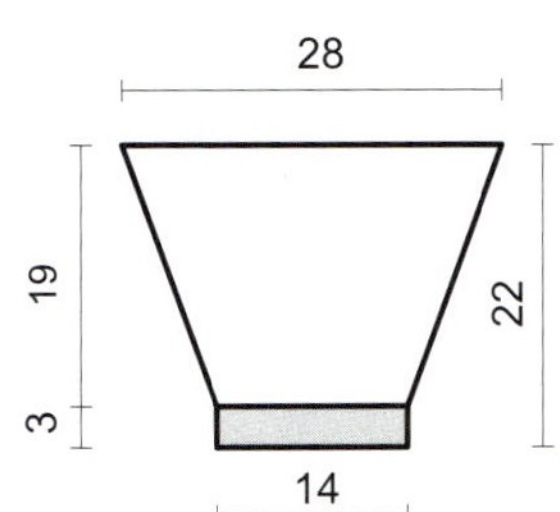

Mütze und Schal in Jeansblau

Größe: Schal: Ca. 10 cm breit und 70 cm lang, Mütze: Für ca. 38–42 cm Kopfumfang.
Material: Schachenmayr Merino, 100 % Schurwolle (Lauflänge 160 m/50 g), 150 g in Jeans Nr. 52, Rest oder 50 g in Weiß Nr. 01. Stricknadeln und Nadelspiel Nr. 3–4.
Vollpatent: Ungerade M-Zahl.
1. R: Randm, * 1 M re, 1 M mit 1 Umschlag li abheben, ab * stets wdh, 1 M re, Randm.
2. R: Randm, * 1 M mit 1 Umschlag li abheben, folgende M mit dem Umschlag re zusammenstr, ab * stets wdh, 1 M mit 1 Umschlag li abheben, Randm.
3. R: Randm, * 1 M mit dem Umschlag re zusammenstr, folgende M mit 1 Umschlag li abheben, ab * stets wdh, 1 M mit dem Umschlag re zusammenstr, Randm. Nach der 1. R die 2. und 3. R stets wdh.
Halbpatent in Rd: Gerade M-Zahl.
1. Rd: * 1 M re, 1 M li, ab * wdh.
2. Rd: * 1 M mit 1 Umschlag li abheben, 1 M li, ab * wdh.
3. Rd: * 1 M mit dem Umschlag re zusammenstr, 1 M li, ab * wdh. Nach der 1. Rd die 2. und 3. Rd stets wdh.
Maschenprobe, Nadeln Nr. 3–4: Vollpatent: 27 M und 60 R = 10 × 10 cm, Halbpatent: 26 M und 55 Rd = 10 × 10 cm.

Schal

29 M anschlagen und 70 cm (421 R) im Vollpatent str. Alle M abketten. In Weiß 6 Pompons mit ca. 3 cm Durchmesser anfertigen und an jedem Schalende 3 Pompons befestigen.

Mütze

100 M in Jeans auf das Nadelspiel verteilt anschlagen und im Halbpatent str. In 18 cm Höhe (100 Rd) noch 4 cm (16 Rd) 1 M re, 1 M li im Wechsel str, dann fortlaufend 2 M re zusammenstr, bis noch 25 M übrig sind. Diese M mit doppeltem Faden zusammenziehen, Faden vernähen. Einen Pompon in Weiß mit ca. 5 cm Durchmesser anfertigen und an der Mützenspitze befestigen.

Pompons:

2 gleich große Ringe aus fester Pappe zuschneiden. Der Außendurchmesser entspricht etwa dem halben Durchmesser des fertigen Pompons. Der Innendurchmesser muss ein Drittel bis die Hälfte des Außendurchmessers betragen. Beide Ringe aufeinander legen und so lange mit Garn umnähen, bis das innere Loch ausgefüllt ist. Die Wollfäden um die Kante durchschneiden und mit einem festen Faden zwischen den Pappringen verknoten. Die Pappscheiben entfernen und den Pompon gleichmäßig rund schneiden.

Babykäppchen in Weiß

Größe: 68 (3–6 Monate = ca. 36–38 cm Kopfumfang).
Material: Schachenmayr Timmi, 50 % Polyacryl, 25 % Schurwolle, 25 % Viskose (Lauflänge 200 m/ 50 g), 2 Kn in Weiß Nr. 4800. 7 Strumpfstricknadeln Nr. 3, 1 Rundstricknadel Nr. 3, ca. 110 cm Satinband in Rosa, 2,3 cm breit.
Glatt re, Nadeln Nr 3: Hinr re, Rückr li bzw. in Rd immer re.
Muster A: Gemäß Schema A: Ungerade M-Zahl; in Hin- und Rückr nach Strickschrift A str, dabei wie gezeichnet beginnen, den Rapport stets wdh und wie gezeichnet enden. Das Muster beginnt mit 1 Rückr.
Muster B: Gemäß Schema B: Maschenzahl teilbar durch 12 + 1 + 2 Randm. In Hinr nach Schema B str, dabei wie gezeichnet beginnen, den Rapport stets wdh und wie gezeichnet enden. 3 × die 1.–12. R str.
Muster C: Gemäß Schema C: In ungeraden Rd nach Strickschrift für Muster C, in geraden Rd alle M und Umschläge re str, dabei den gezeichneten Rapport 6 × str, 1 × die 1.–26. Rd str.
Maschenprobe, Nadeln Nr. 3: Im Muster C: 26 M und 42 R = 10 × 10 cm.

Anleitung

12 M auf 6 Nadeln verteilt (2 M pro Nadel) anschlagen und 1 Rd re, dann 26 Rd im Muster C str = 15 M pro Nadel bzw. insgesamt 90 M und ca. 12 cm Durchmesser. Die 15 M der 1. Nadel stilllegen und über die restlichen 75 M in R mit der Rundstricknadel wie folgt weiter str: 7 R im Muster A, mit 1 Rückr beginnen, 2 R glatt re, 36 R im Muster B, 3 R glatt re, 7 R im Muster A = 11 cm. Alle M abketten. Für die untere Blende die stillgelegten 15 M wieder in Arbeit nehmen und beidseitig je 32 M dazu auffassen = 79 M. 7 R im Muster A str. Alle M abketten. Das Satinband durch die Lochreihe der unteren Blende ziehen.

Schema A

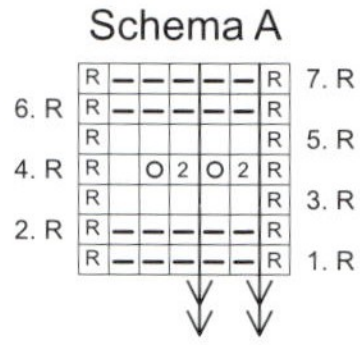

Schema B

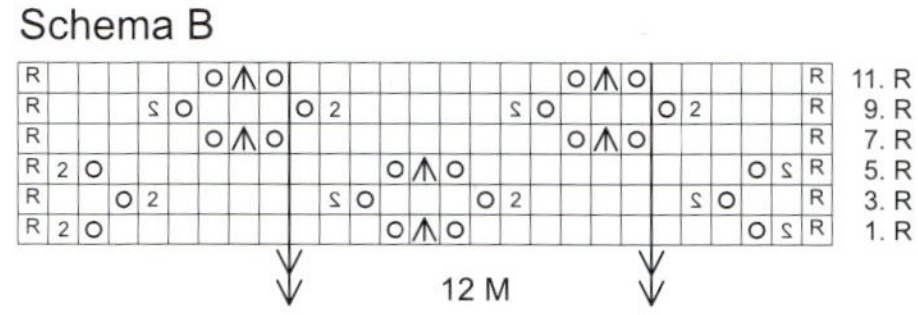

Schema C

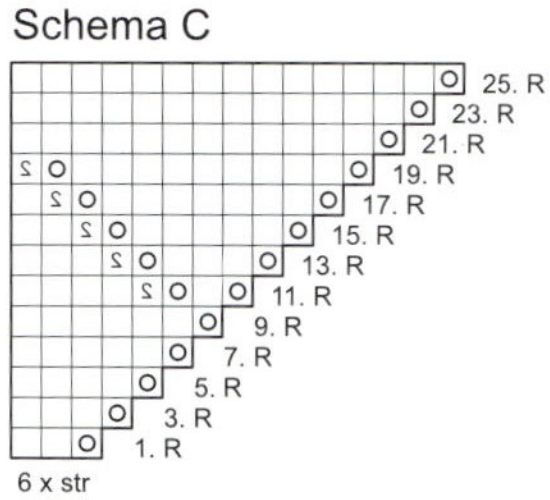

Zeichenerklärung

- R = Randm
- □ = in Hinr und Rd 1 re M, in Rückr 1 li M
- ⊟ = in Hinr 1 li M, in Rückr 1 re M
- O = 1 Umschlag, in folgender Rd den U re, bzw. in folgender Rückr den U li str
- 2 = 2 M re zusammenstr
- S = 1 M abheben, folgende M re str und die abgehobene M überziehen
- Λ = 2 M zusammen re abheben, die folgende M re str und die abgehobenen M überziehen

Weste mit Blüten

Größe: 68/74 (6–9 Monate).
Material: Schachenmayr Catania, 100 % Baumwolle (Lauflänge 125 m/50 g), 1 Kn in Tinte Nr. 175, 1 Kn in Hellblau Nr. 173, 1 Kn in Nature Nr. 105, Reste für die Blüten. Häkelnadel Nr. 2½–3.
Streifenmuster: 1 R Stäbchen in Nature, 1 R Stäbchen in Hellblau, 1 R feste M in Tinte, 1 R Stäbchen in Hellblau, 1 R Stäbchen in Nature, 1 R feste M in Tinte, 2 R Stäbchen in Nature, 1 R Stäbchen in Hellblau.

Anleitung
Linkes Vorderteil: 35 Luftm (= 34 + 1 zum Wenden) in Tinte anschlagen. 2 R feste M arbeiten. Weiter 18 R Stäbchen arbeiten. In 14 cm Höhe für den Armausschnitt an der rechten Arbeitskante 4 Stäbchen einrücken (= 30 Stäbchen). An der linken Arbeitskante für die Ausschnittschrägung bei jeder R je 1 Stäbchen einrücken, bis noch 18 Stäbchen übrig bleiben (Gesamthöhe = 27 cm).
Rechtes Vorderteil: In Hellblau gegengleich arbeiten.
Rückenteil: 71 Luftm in Nature anschlagen und 2 R feste M häkeln. Alle weiteren R in Stäbchen bzw. der angegebenen Streifenfolge arbeiten. Weiter bis zum Armausschnitt noch 2 R Stäbchen in Nature, 1 R Stäbchen in Hellblau arbeiten. Armausschnitt: Beidseitig je 4 Stäbchen einrücken, in Nature weiterhäkeln, bis die Gesamthöhe von 27 cm erreicht ist.
Fertigstellung: Verschlusskanten mit festen M umhäkeln, dabei beim rechten Teil für die Knopflöcher je 2 × 4 doppelte Luftm häkeln. Nähte schließen, Knöpfchen an das linke Teil nähen.

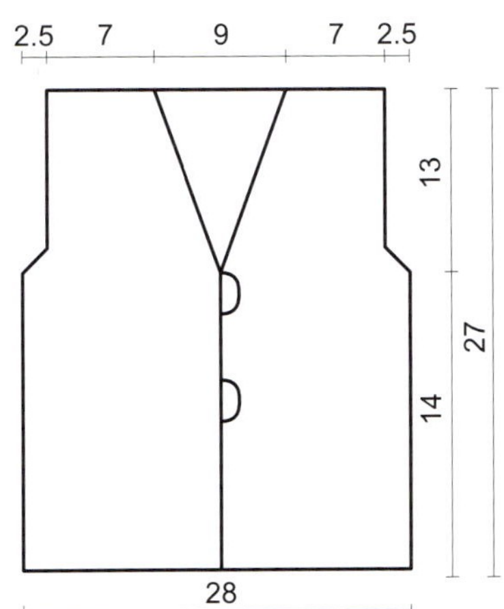

Beide Vorderteile und das Rückenteil beliebig mit den Häkelblüten verzieren.

Häkelblüten: Für 1 Blüte z. B. in Canari Nr. 129 6 Luftm häkeln und mit 1 Kettm zum Ring schließen. In den Ring 12 feste M häkeln, mit 1 Kettm in die 1. feste M enden. Nun mit der Blütenfarbe arbeiten: Den Faden durch die 1. feste M ziehen und * 5 Luftm häkeln, dann ein halbes Stäbchen in die 2. Luftm und je 1 Stäbchen in die übrigen 3 Luftm häkeln, 1 Kettm in die folgende 2. feste M der Vorrunde arbeiten, ab * wdh. Zum Schluss den Faden durch die letzte M ziehen (Restfaden zum Annähen lassen).

Die Häkelanleitung für die **Schühchen** finden Sie auf Seite 61.

Stirnband und Lätzchen mit bunten Blüten

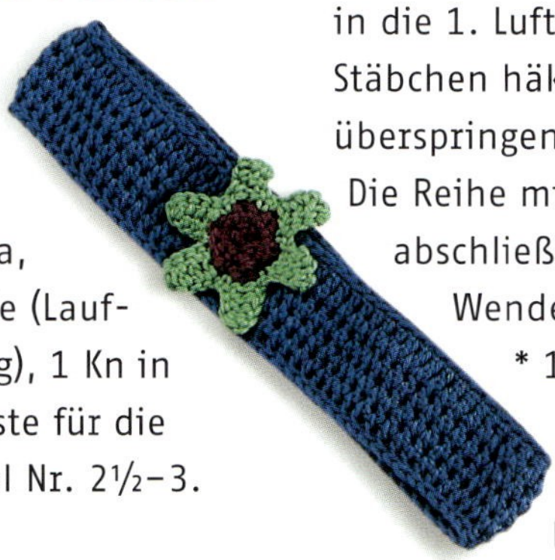

Stirnband

Material: Schachenmayr Catania, 100 % Baumwolle (Lauflänge 125 m/50 g), 1 Kn in Tinte Nr. 175, Reste für die Blüte. Häkelnadel Nr. 2½–3.

Anleitung

80 Luftm anschlagen und zur Rd schließen. 2 Luftm arbeiten, in jede M 1 Stäbchen arbeiten, Rd mit Kettm schließen. Noch 6 Rd Stäbchen häkeln und jeweils in die Lücken zwischen den M der Vor-Rd einstechen.

Fertigstellung: Obere und untere Abschlusskante mit 1 Rd Kettm abschließen. Blüte annähen. Die Anleitung für die Häkelblüte finden Sie auf Seite 43.

Lätzchen

Material: Schachenmayr Catania, 100 % Baumwolle (Lauflänge 125 m/50 g), 1 Kn in Fuchsia Nr. 128. Häkelnadel Nr. 2½–3.

Tipp:

Anstatt mit Blüten können Sie das Lätzchen auch mit bunten Ballons verzieren. Die Ballons entstehen ganz einfach, indem Sie eine Luftmkette häkeln, daraus eine runde oder ovale Schnecke formen und die Luftm-Reihen mit kleinen Stichen zusammennähen.

Anleitung

50 Luftm anschlagen, wenden, in die 1. Luftm 1 feste M und 1 Stäbchen häkeln, 1 feste M überspringen und so fortfahren. Die Reihe mit 1 festen M abschließen. 1 Luftm zum Wenden arbeiten, in 1. M * 1 feste M, 1 Stäbchen, 1 M überspringen *, * von bis * wdh. In 17 cm Höhe beidseitig nur noch über 17 M im beschriebenen Muster weiterarbeiten, bis die Gesamthöhe von 27 cm erreicht ist. Für die Bänder eine 30 cm lange doppelte Luftmkette anhäkeln. Die Blüten gemäß Anleitung auf Seite 43 häkeln und auf das Lätzchen nähen.

Doppelte Luftmkette: 2 Luftm, in die untere Luftm einstechen, Garn durchziehen, 1 Umschlag durch beide M ziehen, in untere linke M einstechen, Garn durchziehen, 1 Umschlag durch beide M ziehen etc.

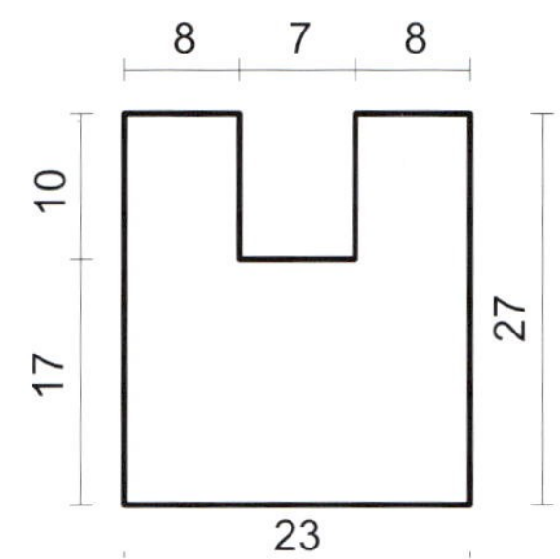

Strampler und Söckchen

Strampler

Größe: 68/74/80 (3–6/6–9/9–11 Monate).

Material: Schachenmayr Bambino, 60 % Baumwolle, 40 % Polyacryl (Lauflänge 110 m/25 g), 2 Kn in Weiß Color, 1 Kn in Bleu Nr. 53, 1 Kn in Flamingo Nr. 37. Stricknadeln Nr. 2½ und 3, 1 Nadelspiel Nr. 2½, je 4 runde Knöpfe in Rosa und Hellblau.

Grundmuster, Nadeln Nr. 3: Glatt re: Hinr re, Rückr li.

Bündchenmuster, Nadeln Nr. 2½: 1 M re, 1 M li im Wechsel.

Maschenprobe, Nadeln Nr. 3: 29 M und 43 R = 10 × 10 cm.

Anleitung

Rückenteil: Rechtes Bein: 36/38/40 M mit Nadeln Nr. 2½ in Bleu anschlagen und 2 cm im Bündchenmuster str. Weiter mit Nadeln Nr. 3 in Weiß Color im Grundmuster str, dabei an der linken Kante 3 × in jeder 4. R, 4 × in jeder 3. R und 6 × in jeder 2. R 1 M aufnehmen und gleichzeitig an der rechten Kante 8 × in jeder 6. R 1 M aufnehmen. Bei 38 R ab Bündchen an der linken Kante in jeder 2. R 1 × 4, 3 × 2 und 5 × 1 M abketten, dann die M stilllegen.
Linkes Bein: Gegengleich str. Nun über beide Teile weiterstr, dabei beim Übergang 2 M re zusammenstr = 83/87/91 M. In 22/23/24 cm Höhe beidseitig am Rand 5 × in jeder 10. R 1 M abnehmen = 73/77/81 M. Für das Armloch in 39/40/41 cm Höhe beidseitig am Rand in jeder 2. R 1 × 4/4/5 M und noch 1 × 3, 2 × 2 und 4 × 1 M abketten = 43/47/49 M. Halsausschnitt: Nach 5 cm Armlochhöhe die mittleren 7/11/13 M abketten und beidseitig an den Ausschnittkanten in jeder 2. R 1 × 3, 1 × 2 und 5 × 1 M abketten. Die restlichen je 8 Schulterm nach 13/14/15 cm Armlochhöhe abketten.

Vorderteil: Rechtes Bein: 36/38/40 M mit Nadeln Nr. 2½ in Flamingo anschlagen und 2 cm im Bündchenmuster str. Weiter mit Nadeln Nr. 3 in Weiß Color im Grundmuster str, dabei an der rechten Kante 8 × in jeder 6. R und an der linken Kante 5 × in jeder 6. R 1 M aufnehmen. Nach 38 R ab Bündchen an der linken Kante in jeder 2. R 2 × 2 und 3 × 1 M abketten. Linkes Bein: Gegengleich str. Nun über beide Teile weiterstr, dabei beim Übergang 2 M re zusammenstr = 83/87/91 M. In 22/23/24 cm Höhe beidseitig am Rand 5 × in jeder 10. R 1 M abnehmen = 73/77/81 M. Armloch und Halsausschnitt wie beim Rückenteil arbeiten.

Fertigstellung: Teile spannen, anfeuchten und trocknen lassen. Nähte schließen, dabei bei den Seitennähten die oberen

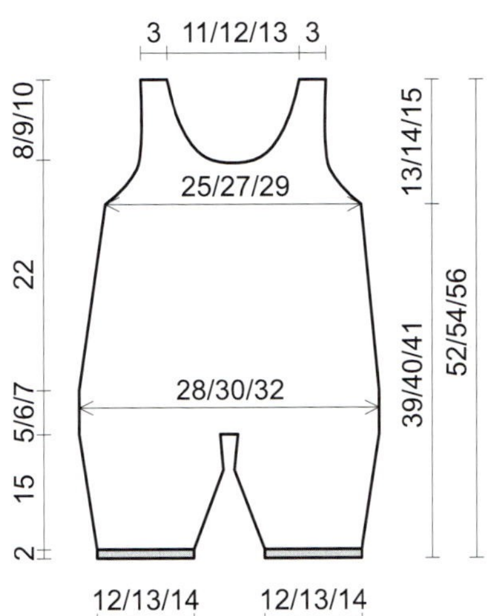

14 cm offen lassen. Knopflochborten: Mit Nadeln Nr. 2½ je 13 M in Weiß Color anschlagen und ca. 14 cm im Bündchenmuster str, die M stehen lassen. Die Borten am Rückenteil annähen. Ausschnittborten: Am Rückenteil zu den 13 stehen gelassenen M mit 1 Nadelspiel Nr. 2½ 183/191/201 M in Flamingo auffassen (bei den Armlöchern je 47/50/53 M, je 1 Eck-M, bei den Trägern je 7 M, je 1 Eck-M und um dem Halsausschnitt entlang 71/73/77 M). Über alle M 2 cm im Bündchenmuster str, dabei in jeder R beidseitig an den 4 Eck-M je 1 M aufnehmen. Die M locker abketten. Am Vorderteil ebenfalls 169/177/187 M in Bleu auffassen und die Borte wie beim Rücken beschrieben str. Am Vorderteil die seitlichen Kanten (14 cm) mit einer R feste M in Bleu umhäkeln, beidseitig am Rand 3 Knopflöcher arbeiten und bei den Trägern je 1 Knopfloch

arbeiten. An der rechten Seite die blauen und an der linken Seite die rosa Knöpfe annähen.

Söckchen

Größe: 10/12, 13/15, 16/18.

Material: Schachenmayr Timmi, 50 % Polyacryl, 25 % Schurwolle, 25 % Viskose (Lauflänge 200 m/50 g), Rest oder 50 g in Weiß Nr. 4800. Nadelspiel Nr. 2–3.

Rippenmuster: 1 M li, 3 M re im Wechsel.

Glatt re: Jede Rd re, bzw. in Hinr re, in Rückr li str.

Maschenprobe: Im Rippenmuster (gedehnt) und bei glatt re: 30 M und 42 Rd/R = 10 × 10 cm.

Anleitung

36/40/44 M anschlagen und für den Umschlag 2 Rd rechte M, * 3 Rd linke M, 2 Rd rechte M str und ab * 2 × wdh = 17 Rd. Weiter 4,5 cm im Rippenmuster str, dann den Fuß nach der „Grundanleitung für Söckchen" und Tabelle auf Seite 9 str. Nach Ferse und Käppchen über die M der 2. und 3. Nadel im Rippenmuster, über die restlichen M glatt re bis zur Spitze str. Den Umschlag nach außen umschlagen. Beide Söckchen gleich arbeiten.

Alles für die Taufe

Taufhemdchen

Größe: 62/68 (1–6 Monate).
Material: Schachenmayr Jazz, 50 % Baumwolle, 50 % Polyacryl (Lauflänge 125 m/50 g), je 3 Kn in Weiß Nr. 01; Marabu, 60 % Polyamid, 40 % Polyester (Lauflänge 75 m/50 g), 1 Kn in Weiß Nr. 01. Stricknadeln Nr. 3, Nadelspiel Nr. 3, Häkelnadel Nr. 3, Silbergarn, 1 Schmuckknöpfchen in Weiß/Silber, 1 kleine Stoffrose (im Fachhandel erhältlich).
Grundmuster, Nadeln Nr. 3: Streifenkorn = * 1.–2. R: 1 M re, 1 M li im Wechsel, 3.–4. R: alle M re *, von * bis * stets wdh.
Glatt re, Nadeln Nr. 3: Hinr re, Rück li.
Bündchenmuster, Nadeln Nr. 3: 2 M re, 2 M li im Wechsel.
Maschenprobe, Nadeln Nr. 3: Glatt re: 22 M und 32 R = 10 × 10 cm.

Anleitung

Rückenteil: 62 M mit Nadeln Nr. 3 anschlagen und mit dem Grundmuster beginnen. In 13 cm Höhe 2 R mit dem Fransengarn str. Nun für die Armausschnitte beidseitig je 6 M abketten = 50 M. In 26 cm Höhe alle M locker abketten.
Vorderteil: Teil und Armausschnitte wie bei Rückenteil str. Für die vordere Halsöffnung in 21 cm Höhe die mittleren 2 M abketten und beide Teilchen separat beenden. In 26 cm Höhe die restlichen je 24 M abketten.

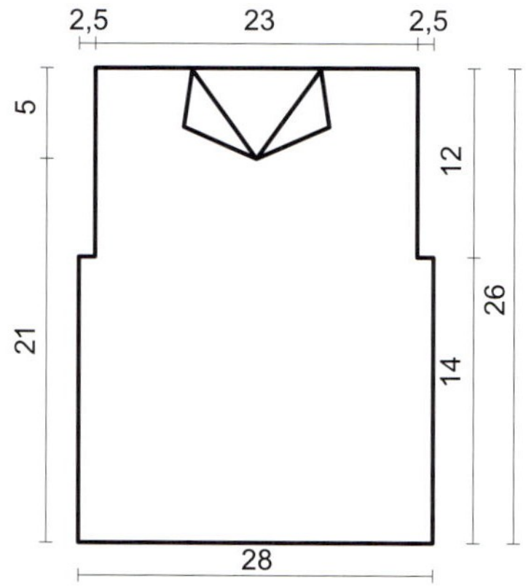

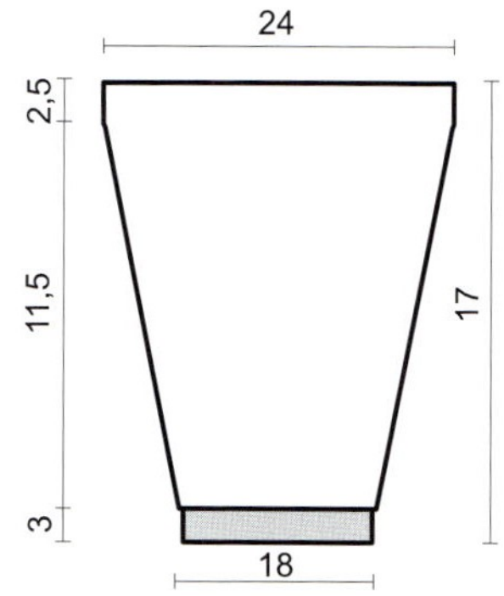

Ärmel: 38 M mit Nadeln Nr. 3 anschlagen und 3 cm im Bündchenmuster str. Weiter glatt re str und gleichzeitig für die Ärmelschrägung beidseitig in jeder 4. R 8 × 1 M aufnehmen = 54 M. In 17 cm Höhe alle M locker abketten.
Fertigstellung: Seiten- und Ärmelnähte schließen. Die Schultern über 10 M schließen. Rund um den Kragen mit Silbergarn Pikotm (siehe Seite 10) oder feste M häkeln. Kragenspitzen umschlagen und an die Spitzen Knöpfchen und Röschen annähen.

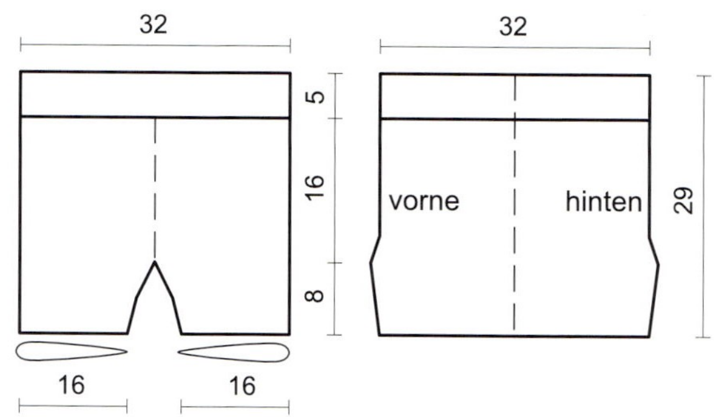

Taufhöschen

Größe: 68/74 (6–9 Monate).
Material: Schachenmayr Diva, 60 % Polyamid, 40 % Schurwolle (Lauflänge 120 m/50 g), 2 Kn in Weiß Nr. 01. Stricknadeln Nr. 4, Rundstricknadel Nr. 4, ca. 1 m weißes Satinband, 1 cm breit, Gummiband in der Länge der Taillenweite, evtl. 1 Stoffrose (im Fachhandel erhältlich).
Grundmuster, Nadeln Nr. 4: Glatt re: Hinr re, Rückr li.
Bündchenmuster, Nadeln Nr. 4: 1 M re, 1 M li im Wechsel.
Kraus re, Nadeln Nr. 4: Hinr re, Rückr re.
Lochmuster, Nadeln Nr. 4: Gemäß Schemazeichnung.
Maschenprobe, Nadeln Nr. 4: 16 M und 25 R = 10 × 10 cm.

Anleitung

1. Bein: 51 M mit Nadeln Nr. 4

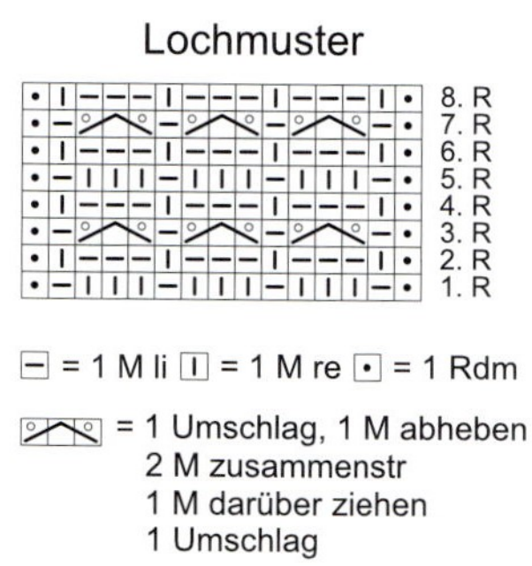

anschlagen und 3 R kraus re str. Weiter 12 R im Lochmuster str. Weiter im Grundmuster str und gleichzeitig beidseitig in jeder 4. R 6 × 1 M aufnehmen = 63 M. In 8 cm Höhe für den Schritt beidseitig in jeder 2. R 2 × 2 und 2 × 1 M abketten = 51 M. In 24 cm Höhe auf der linken Seite 27 M abketten und noch 3 × 8 M abketten.

2. Bein: Gegengleich str.

Fertigstellung: Teile spannen und unter feuchten Tüchern trocknen lassen, zusammennähen. Um den oberen Rand mit der Rundstricknadel ca. 80 M auffassen und im Bündchenmuster 5 cm str, dann alle M abketten. Das halbe Bündchen nach innen schlagen und auf der Innenseite annähen, eine kleine Öffnung belassen und das Gummiband einziehen. In die mittlere Lochreihe an den Beinen das Satinband einziehen und vorne zu einer Masche verknoten. Nach Belieben ein Stoffröschen an ein Bein annähen.

Taufpullover

Größe: 68 (3–6 Monate).

Material: Schachenmayr Catania, 100 % Baumwolle (Lauflänge 125 m/50 g), 3 Kn in Weiß Nr. 106; Marabu, 60 % Polyamid, 40 % Polyester (Lauflänge 75 m/50 g), 1 Kn in Weiß Nr. 01. Stricknadeln Nr. 2½ und 3, Rundstricknadel Nr. 2½, 3 kleine Knöpfchen in Silber/Weiß, ca. 1 m weißes Satinband, 1 cm breit.

Grundmuster, Nadeln Nr. 3: Glatt re: Hinr re, Rückr li. Musterfolge: 6 R glatt re, * 2 R rechte M, 2 R glatt re, 2 R rechte M, 8 R glatt re, 2 R rechte M im Fransengarn, 8 R glatt re *, von * bis * wdh.

Bündchenmuster, Nadeln Nr. 2½: 4 R 1 M re, 1 M li im Wechsel, dann 1 R im Lochmuster = Randm, * 2 M re zusammenstr, 1 Umschlag *, von * bis * wdh.

Maschenprobe, Nadeln Nr. 3: Glatt re: 27 M und 39 R = 10 × 10 cm.

Anleitung

Rückenteil: 70 M mit Nadeln Nr. 2½ anschlagen und 4 R das Bündchen str. Weiter mit Nadeln Nr. 3 im Grundmuster und der angegebenen Musterfolge str. In 14 cm Höhe für die Armausschnitte beidseitig je 5 M abketten = 60 M. In 27 cm Höhe die ersten 44 M für die rechte Schulter abketten. Über die restlichen 16 M für den Verschlussuntertritt noch 2 cm im Bündchenmuster str, dann alle M abketten.

Vorderteil: Wie Rückenteil str, jedoch für den vorderen Halsausschnitt in 24 cm Höhe die mittleren 20 M abketten und beidseitig an den Ausschnittkanten in jeder 2. R noch 2 × 2 M abketten. Auf der linken Seite in 25 cm Höhe wie beim Rückenteil im Bündchenmuster str, jedoch gleichmäßig verteilt 2 Knopflöcher arbeiten.

Ärmel: 50 M mit Nadeln Nr. 2½ anschlagen und 4 R das Bündchen str. Weiter mit Nadeln Nr. 3 im Grundmuster str. Streifeneinteilung wie bei Vorder- und Rückenteil, jedoch ohne Fransengarn. Gleichzeitig für die Ärmelschrägung beidseitig in jeder 6. R 9 × 1 M aufnehmen = 68 M. In 19 cm Höhe alle M locker abketten.

Fertigstellung: Teile spannen und unter feuchten Tüchern trocknen lassen, zusammennähen. Um den Halsausschnitt mit der Rundstricknadel 68 M auffassen und 5 Rd im Bündchenmuster str. Gleichzeitig bereits nach 1 cm Bündchenhöhe am rechten Halsrand ein weiteres Knopfloch arbeiten. Schulterblenden übereinander legen und am Rand befestigen.

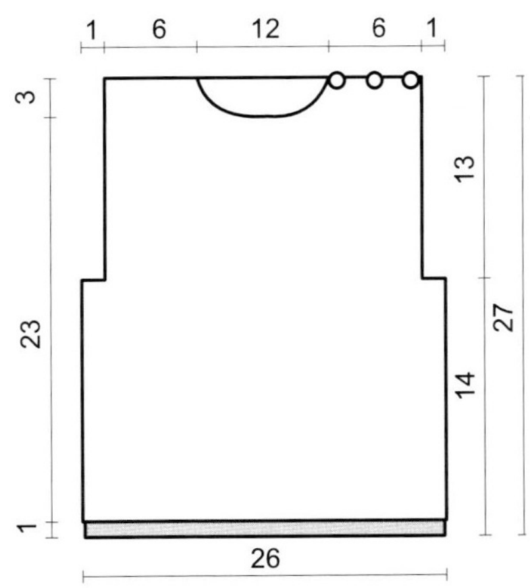

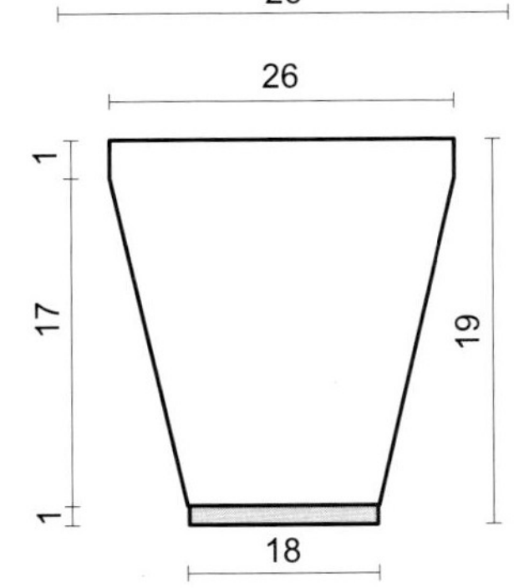

Ärmel einsetzen und Nähte schließen. Knöpfchen annähen. In die untere Lochreihe das Satinband einziehen und vorne zu einer Schleife binden.

Taufschühchen mit rosa Bändchen

Größe: 68–74 (3–9 Monate).
Material: Schachenmayr Timmi, 50 % Polyacryl, 25 % Schurwolle, 25 % Viskose (Lauflänge 200 m/50 g), 1 Kn in Weiß Nr. 4800. Stricknadeln Nr. 2½–3, 1 Nadelspiel Nr. 2½–3, ca. 1,20 m rosafarbenes Satinband, 1 cm breit.
Rippenmuster: Hinr re, Rückr re.
Glatt re: Hinr re, Rückr li.

Anleitung

Beginn an der oberen Kante: 40 M mit Nadeln Nr. 2½ anschlagen und im Rippenmuster str. Nach der 8. Rippe folgen 6 R glatt re, wobei in der Mitte eine Lochr gearbeitet wird (fortlaufend 2 M re zusammenstr, 1 Umschlag). Nun nur über die mittleren 14 M im Rippenmuster str. Nach der 12. Rippe die M liegen lassen, dabei beidseitig die Randm über die folgende M ziehen = 12 M. Mit Nadeln Nr. 3 von der äußeren Kante herkommend 13 M str. Bei den mittleren Rippen 13 M auffassen, die 12 M str, wieder 13 M auffassen und die restlichen 13 M str = 64 M. Nach 8 Rippen 4 R glatt re str. Nun die Sohle wieder im Rippenmuster str. Nach der 1. Rippe wie folgt abnehmen: 4 M str, 2 M re zusammenstr, 21 M str, 1 M abheben, 1 M str und die abgehobene M überziehen, 6 M str, 2 M re zusammenstr, 21 M str, 1 M abheben, 1 M str und die abgehobene M überziehen, 4 M str. Die Abnahmen vor und nach den gleichen 21 M in jeder 2. R noch 3 × wdh. Noch 1 R str und dann alle M abketten. Die untere und hintere Naht schließen. Das Satinband in die Lochr einziehen.

Tipp:

Besonders hübsch wirkt auch ein silberfarbenes Satinband.

Rollmützchen

Größe: 68/74/80 (3–6/6–9/9–11 Monate).
Material: Schachenmayr Jazz, 50 % Baumwolle, 50 % Polyacryl (Lauflänge 125 m/50 g), 1 Kn in Weiß Nr. 01; Marabu, 60 % Polyamid, 40 % Polyester (Lauflänge 75 m/50 g), 1 Kn (Rest) in Weiß Nr. 01. Nadelspiel Nr. 3, weiße Silberquaste (im Handel erhältlich).

Musterfolge, Nadeln Nr. 3: 3 Rd Perlmuster: 1 M re, 1 M li im Wechsel, in jeder Rd versetzt str; 4 Rd glatt re, 3 Rd Perlmuster wie oben, 2 Rd mit Fransengarn glatt re, 4 Rd glatt re, 3 Rd Perlmuster wie oben.

Anleitung

80/88/96 M auf 4 Nadeln verteilt anschlagen und in Rd glatt re str. Weiter in der angegebenen Musterfolge 6/7/8 cm str. Noch 4 Rd glatt re str und dann die Schlussabnahmen wie folgt str = Gesamthöhe 15/17/19 cm: * 6 M re, 2 M re zusammenstr, ab * wdh. 6 Rd glatt re darüber str. Nun * 5 M re, 2 M re zusammenstr, ab * wdh. Nun 5 Rd glatt re darüber str. Diese Abnahmen noch 5 × wdh, jedoch immer 1 M re und 1 Rd weniger dazwischen str. Den Faden 2 × durch die restlichen M ziehen und vernähen. Quaste annähen. Untere Kanten nach außen rollen lassen.

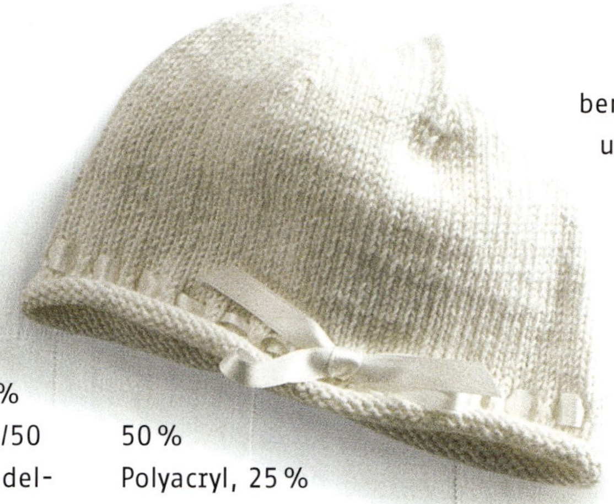

Käppchen mit Satinband

Größe: 68 (3–6 Monate = ca. 36–38 cm Kopfumfang).
Material: Schachenmayr Jazz, 50 % Baumwolle, 50 % Polyacryl (Lauflänge 125 m/50 g), 1 Kn in Weiß Nr. 01. Nadelspiel Nr. 3½, 60 cm weißes Satinband, 1 cm breit.
Grundmuster, Nadeln Nr. 3½: Glatt re.
Lochreihe, Nadeln Nr. 3½:
1. Rd: * 2 M re zusammenstr, 1 Umschlag *, ab * stets wdh.
2. Rd: Die M re abstr.

Anleitung
104 M anschlagen und im Grundmuster str. Nach 9 Rd die Lochr str. Weiter im Grundmuster arbeiten. In 12 cm Höhe mit den Abnahmen beginnen. Dafür verteilt 8 M abnehmen = 8 × mit jeder 12. und 13. M einen einfachen Überzug arbeiten. Diese Abnahmen in jeder 2. Rd 11 × wdh und stets an der gleichen Stelle arbeiten. Die restlichen 8 M mit dem Arbeitsfaden zusammenziehen. Das Satinband in die Lochr einziehen und vorne (oder seitlich) verknoten.

Taufschühchen mit weißem Bändchen

Größe: 68/74–74/80 (3–9/9–11 Monate).
Material: Schachenmayr Timmi, 50 % Polyacryl, 25 % Schurwolle, 25 % Viskose (Lauflänge 200 m/50 g), 1 Kn in Weiß Nr. 4800; Marabu, 60 % Polyamid, 40 % Polyester (Lauflänge 75 m/50 g). Stricknadeln Nr. 3, Nadelspiel Nr. 3, ca. 1,20 m weißes Satinband, 1 cm breit.

Anleitung
Beginn an der Sohle: 57/63 M in Timmi anschlagen und glatt re str. In der 2. R 4 M wie folgt aufnehmen: Randm, 1 M re, 1 M aufnehmen, 26/29 M re, 1 M aufnehmen, 1 M re, 1 M aufnehmen, 26/29 M re, 1 M aufnehmen, 1 M re, Randm. Diese Aufnahmen stets beidseitig der je 26/29 Mittel-M arbeiten, in jeder 2. R noch 2 × wdh. Nach 8 R glatt re 1 M aufnehmen = 70/76 M. Weiter mit Fransengarn 2 R re = 1 Rippe str. Weiter in Timmi 11 R glatt re str. Nun wie folgt weiterarbeiten:
42/46 M re str, 1 M re abheben, 1 M re str, abgehobene M überziehen, wenden, * 1 M li abheben, 14/16 M li str, 2 M li zusammenstr, wenden, 1 M re abheben, 14/16 M re str, 1 M re abheben, 1 M re str, abgehobene M überziehen, wenden und ab * wdh, bis beidseitig je 7 M abgenommen sind. Nach der letzten Abnahme die restlichen 56/62 M in Rd (mit dem Nadelspiel) arbeiten, 3/4 Rd re str, 1 Lochrd str (= fortlaufend 2 M re zusammenstr, 1 Umschlag), 2 Rd re str. Dann 20 Rd 1 M re, 1 M li im Wechsel str, wobei die 10. Rd mit Fransengarn gearbeitet wird. Noch 10 Rd glatt re str und dann alle M abketten. Nähte schließen. Das Satinband teilen und in die Lochrd einziehen.

Jäckchen und Kappe in Mint und Weiß

Jäckchen

Größe: 68/74 (6–9 Monate).
Material: Schachenmayr Catania, 100 % Baumwolle (Lauflänge 125 m/50 g), 2 Kn in Mint Nr. 163, 2 Kn in Weiß Nr. 106, Rest weißes Schmuckgarn. Stricknadeln Nr. 3 und 3½, Rundstricknadel Nr. 3, 6 Knöpfchen.
Glatt re, Nadeln Nr. 3½: Hinr re, Rückr li.
Kraus re, Nadeln Nr. 3½: Hinr re, Rückr re.
Grundmuster, Nadeln Nr. 3½: * 6 R in Mint glatt re, 2 R in Weiß kraus re *, von * bis * wdh.
Bündchenmuster, Nadeln Nr. 3: 1 M re, 1 M li im Wechsel.
Maschenprobe, Nadeln Nr. 3½: Glatt re: 27 M und 36 R = 10 × 10 cm.

Anleitung

Rückenteil: 80 M mit Nadeln Nr. 3 in Weiß anschlagen und im Bündchenmuster 2,5 cm str. Weiter mit Nadeln Nr. 3½ in Mint 6 R glatt re str. Die folgenden 4 R mit Schmuckgarn kraus re str. Nun im Grundmuster und der angegebenen Farbfolge str. In 14 cm Höhe für die Armausschnitte beidseitig in jeder 2. R 1 × 3, 2 × 2 und 2 × 1 M abketten = 62 M. In 26 cm Höhe für den hinteren Halsausschnitt die mittleren 14 M abketten und beidseitig an den Ausschnittkanten in jeder 2. R noch 2 × 4 M abketten. In 27 cm Höhe die restlichen 16 M locker abketten.
Rechtes Vorderteil: 38 M mit Nadeln Nr. 3 in Weiß anschlagen und im Bündchenmuster 2,5 cm str. Weiter mit Nadeln Nr. 3½ in Mint 6 R glatt re str. Die folgenden 4 R mit Schmuckgarn kraus re str. Weiter im Grundmuster und der angegebenen Farbfolge str. In 14 cm Höhe für die Armausschnitte an der linken Arbeitskante in jeder 2. R 1 × 3, 2 × 2, und 2 × 1 M abketten. In 22 cm Höhe für den vorderen Halsausschnitt an der rechten Arbeitskante in jeder 2. R 1 × 5, 1 × 3, 1 × 2 und 3 × 1 M abketten. In 27 cm Höhe die restlichen 16 Schulterm locker abketten.
Linkes Vorderteil: Gegengleich zum rechten Teil str.
Ärmel: 48 M mit Nadeln Nr. 3 in Weiß anschlagen und im Bündchenmuster 2,5 cm str. In der letzten Rückr verteilt 4 M aufnehmen = 52 M. Weiter mit Nadeln Nr. 3½ in Mint 6 R glatt re str. Die folgenden 4 R mit Schmuckgarn kraus re str. Weiter im Grundmuster und der angegebenen Farbfolge str. Gleichzeitig für die Ärmelschrägung beidseitig 10 × in jeder 6. R 1 M aufnehmen = 72 M. In 19 cm Höhe für die obere Schräge beidseitig in jeder 2. R 1 × 3, 2 × 2 und 1 × 1 M abketten. In 22 cm Höhe die restlichen 56 M locker abketten.
Fertigstellung: Teile spannen und unter feuchten Tüchern trocknen lassen. Schulternähte schließen, Ärmel einpassen, Seiten- und Ärmelnähte schließen. Um den Halsausschnitt mit der Rundstricknadel Nr. 3 73 M in Weiß auffassen und 2 cm im Bündchenmuster str. Alle M locker abketten. Für die Verschlussblenden mit Nadeln Nr. 3 beidseitig je 75 M auffassen und 2 cm im Bündchenmuster str. In die rechte Blende 6 Knopflöcher über 3 M einarbeiten, das 1. Knopfloch 3 M ab unterem Rand arbeiten, jedes weitere mit ca. 3 cm Abstand. Alle M locker abketten. Knöpfchen annähen.

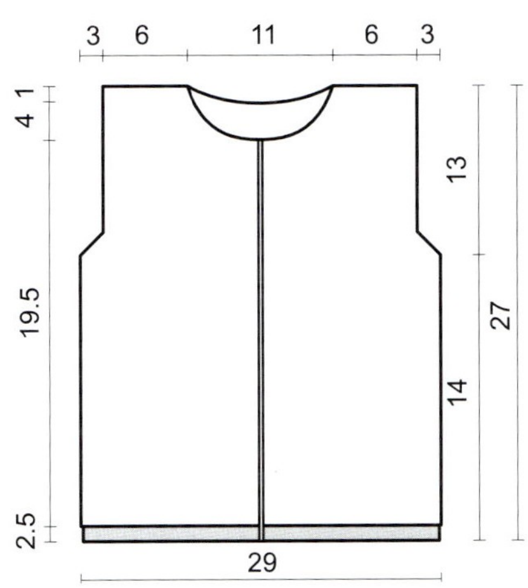

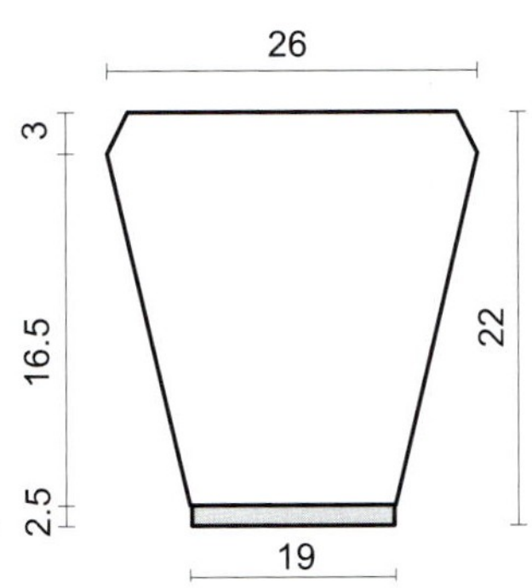

Kappe

Größe: 68/74 (3–9 Monate).

Material: Schachenmayr Catania, 100 % Baumwolle (Lauflänge 125 m/50 g), je 1 Kn in Mint Nr. 163 und Weiß Nr. 106, Rest weißes Schmuckgarn. Stricknadeln Nr. 3 und 3½, Häkelnadel Nr. 3.

Anleitung

100 M mit Nadeln Nr. 3 in Weiß anschlagen und 3 cm im Bündchenmuster str. Weiter mit Nadeln Nr. 3½ in Mint 6 R glatt re str. Die folgenden 4 R mit Schmuckgarn kraus re str. Nun im Grundmuster und der angegebenen Farbfolge str. In 11 cm Höhe 5 × wie folgt abnehmen: 1 Randm, 1 M re, 1 M abheben, 1 M re, die abgehobene M überziehen, 43 M re, 2 M re zusammenstr, 2 M re, 1 M abheben, 1 M re, die abgehobene M überziehen, 43 M re, 2 M re zusammenstr, 1 M re, 1 Randm. Diese Abnahmen in jeder 4. R noch 4 × wdh, bis noch 80 M übrig bleiben. In 16 cm Höhe alle M locker abketten. Mütze zusammenfalten, Seitennaht schließen und oben zusammennähen.

2 Quasten fertigen (siehe Seite 20). Am oberen Ende jeder Quaste mit der Häkelnadel einstechen und eine ca. 4 cm lange Luftm-R häkeln. Die beiden Quasten an die beiden Mützenspitzen li und re anhäkeln (annähen).

Strampler mit Teddyapplikation

Größe: 68/74 (6–9 Monate).
Material: Schachenmayr Catania, 100 % Baumwolle (Lauflänge 125 m/50 g), 4 Kn in Mint Nr. 163, 2 Kn in Weiß Nr. 106, Rest Schmuckgarn in Weiß. Stricknadeln Nr. 3 und 3½, Rundstricknadel Nr. 3, Häkelnadel Nr. 3, 9 Knöpfchen in Weiß (Beinöffnung) und 3 Knöpfchen in Mint (Rückenverschluss), Teddyapplikation (z. B. von Union Knopf).
Grundmuster, Nadeln Nr. 3½: Glatt re = Hinr re, Rückr li.
Farbfolge I: Je 8 R in Mint und in Weiß im Wechsel.
Farbfolge II: Je 4 R in Mint und in Weiß im Wechsel.
Bündchenmuster, Nadeln Nr. 3: 1 M re, 1 M li im Wechsel.
Maschenprobe, Nadeln Nr. 3½: Glatt re: 27 M und 36 R = 10 × 10 cm.

Anleitung

Rückenteil: Rechtes Bein: 36 M mit Nadeln Nr. 3 in Mint anschlagen und 2,5 cm im Bündchenmuster str. In der letzten Rückr verteilt 8 M aufnehmen = 44 M. Weiter mit Nadeln Nr. 3½ 2 R mit Schmuckgarn str. Nun im Grundmuster und der Farbfolge I bis zu einer Gesamthöhe von 18 cm str. Gleichzeitig beidseitig in jeder 2. R 6 × 1 M aufnehmen = 56 M.
Linkes Bein: Wie rechtes Bein str, jedoch in der Farbfolge II. Die M beider Teile auf eine Nadel legen = 112 M. Weiter 1 R str und dabei die mittleren 2 M abnehmen = die 1. und die letzte M von jedem Zwickelrand zusammenstr = 110 M. Weiter beidseitig in jeder 6. R 14 × 1 M abketten = 82 M. In 26 cm Höhe ab Spickel für die hinteren Öffnung die mittleren 4 M abketten und beide Teile separat beenden. In 36 cm Höhe ab Spickel für den Halsausschnitt an den Ausschnittkanten in jeder 2. R 1 × 7 und 2 × 4 M abketten. In 37 cm Höhe ab Spickel die restlichen 24 Schulterm locker abketten.
Vorderteil: Farbfolge gegengleich zum Rücken str. In 17 cm Höhe ab Spickel in Mint weiterstr. In 32 cm Höhe ab Spickel für den vorderen Halsausschnitt die mittleren 14 M abketten und beidseitig an den Ausschnittkanten in jeder 2. R noch 2 × 3, 1 × 2 und 2 × 1 M abketten. In 37 cm Höhe ab Spickel die restlichen 24 Schulterm locker abketten.
Ärmel re: 60 M mit Nadeln Nr. 3 in Mint anschlagen und 2,5 cm im Bündchenmuster str. In der letzten Rückr verteilt 7 M aufnehmen = 67 M. Weiter im Grundmuster und der Farbfolge I str, gleichzeitig für die Ärmelschrägung beidseitig in jeder 6. R 7 × 1 M aufnehmen = 81 M. Die letzten 4 R mit Schmuckgarn str. In 17 cm Höhe alle M locker abketten.
Ärmel li: Wie Ärmel re str, jedoch in der Farbfolge II.
Fertigstellung: Teile spannen und unter feuchten Tüchern trocknen lassen, Nähte schließen. Um den Halsausschnitt mit der Rundstricknadel Nr. 3 ca. 79 M in Weiß auffassen und 12 R glatt re str. Alle M abketten und den Kragen nach außen rollen lassen. Für die linke Blende am Rückenteil in Weiß 24 M auffassen und 8 R im Bündchenmuster str, in die rechte Blende 3 Knopflöcher einarbeiten. Hintere Beinblende: Mit der Rundstricknadel Nr. 3 ca. 104 M auffassen und 6 R im Bündchenmuster str. Vordere Beinblende: Wie die hintere Beinblende str, jedoch auf jeder Seite gleichmäßig verteilt 4 Knopflöcher und in der Mitte des Spickels 1 Knopfloch über 3 M einarbeiten. Knöpfchen in Mint auf die Rückenblende nähen, Knöpfchen in Weiß an die Spickelblenden nähen. Die Teddyapplikation mit dem Bügeleisen (Dampf) auf das vordere, glatte Stück in Mint nach Gebrauchsanleitung aufbügeln. Mit der Häkelnadel Nr. 3 rund um den Teddy 5 Noppen aufhäkeln.

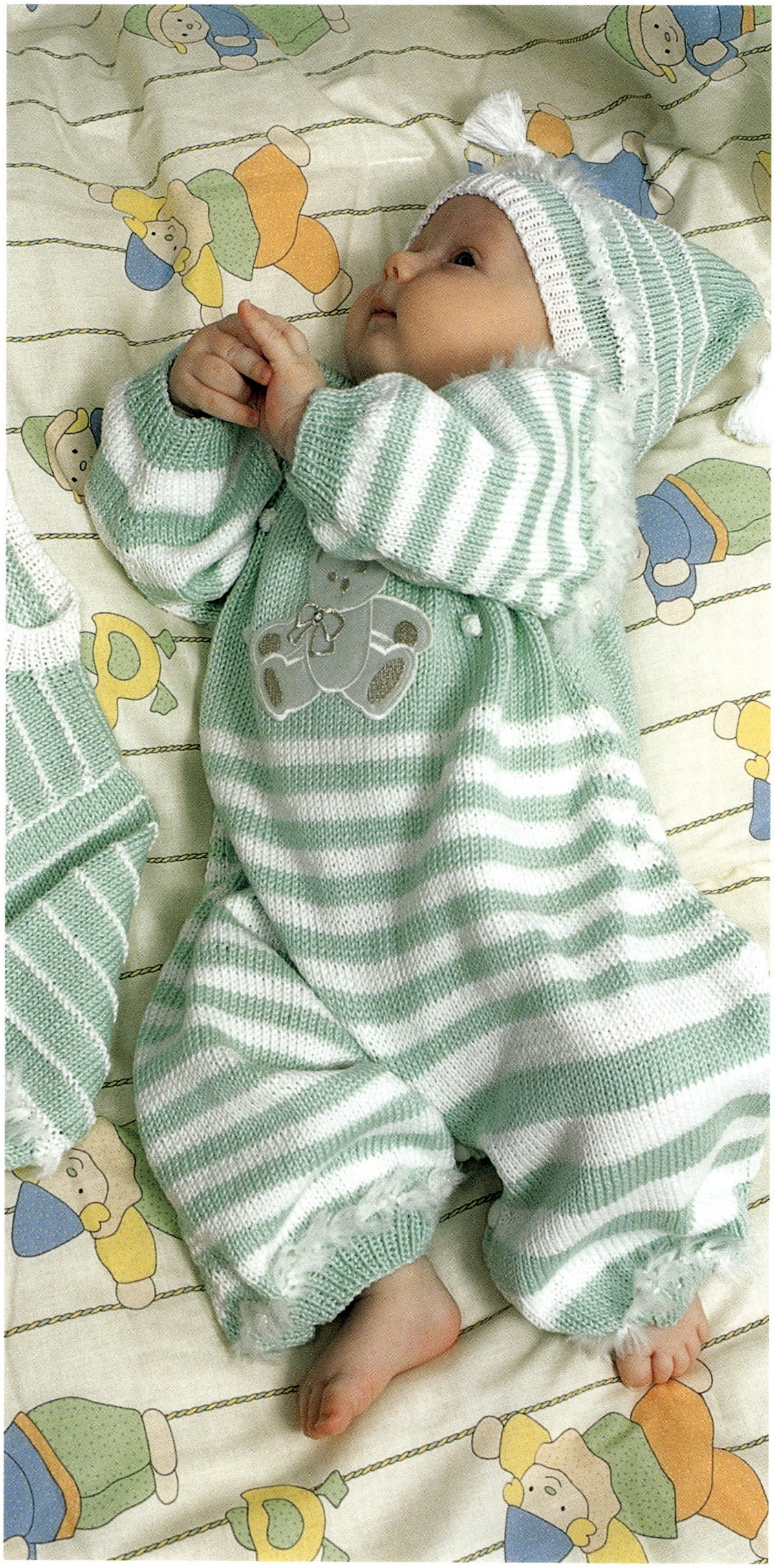

Noppen häkeln:

3 Luftm häkeln und in die 1. dieser Luftm 4 Stäbchen immer so weit arbeiten, dass jeweils 1 Schlinge mehr auf der Häkelnadel bleibt. Dann alle Schlingen zusammen abmaschen, noch 1 Luftm häkeln und den Faden durch diese M ziehen. Anfangs- und Endfaden einzeln durch das Strickstück ziehen und auf der Rückseite der Arbeit vernähen oder gut verknoten.

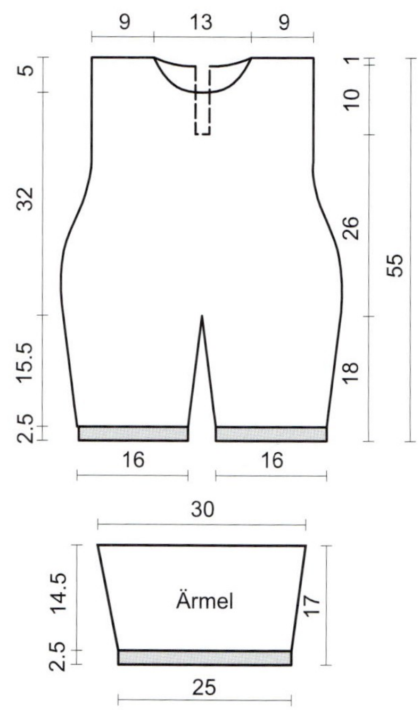

Rosa – nur für Mädchen?

Höschen

Größe: 68 (3–6 Monate).
Material: Schachenmayr Bambino, 60 % Baumwolle, 40 % Polyacryl (Lauflänge 110 m/25 g), 1 Kn in Flamingo Nr. 37, 3 Kn in Flamingo Color Nr. 86. Stricknadeln Nr. 2½ und 3, Rundstricknadel Nr. 2½, Gummiband in der Länge der Taillenweite.
Grundmuster, Nadeln Nr. 3: Glatt re: Hin re, Rückr li.
Kraus re, Nadeln Nr. 2½: Hinr re, Rückr re.
Maschenprobe, Nadeln Nr. 3: 30 M und 40 R = 10 × 10 cm.

Anleitung

Linkes Bein: 78 M mit Nadeln Nr. 2½ in Flamingo anschlagen und 5 R kraus re für das Bündchen str. Weiter in Flamingo Color mit Nadeln Nr. 3 glatt re str, dabei für die Beinschrägung beidseitig 5 × in jeder 4. R je 1 M und 3 × in jeder 2. R je 1 M aufnehmen = 94 M. Für den Schritt nach 7 cm ab Bündchen beidseitig 2 M und in jeder 2. R 1 × 2 und 4 × 1 M abketten = 78 M. Nach 16 cm ab Schrittbeginn am linken Rand 38 M, dann in jeder 2. R 4 × 10 M abketten. Gesamthöhe = 26 cm. Rechtes Bein: Gegengleich str.
Fertigstellung: Teile spannen und unter feuchten Tüchern trocknen lassen, alle Nähte schließen. Für das Taillenbündchen in Flamingo 138 M mit der Rundstricknadel auffassen und 5 cm 1 M re, 1 M li im Wechsel str. Alle M locker abketten. Das Bündchen zur Hälfte nach innen umschlagen, annähen, dabei eine Öffnung für das Gummiband lassen und dieses einziehen.

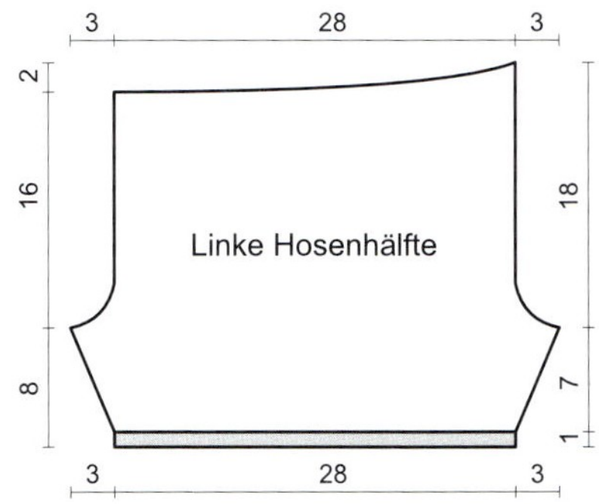

Mützchen

Größe: 68 (3–6 Monate = ca. 36–38 cm Kopfumfang).
Material: Schachenmayr Timmi, 50 % Polyacryl, 25 % Schurwolle, 25 % Viskose (Lauflänge 200 m/ 50 g), 1 Kn in Rosa Nr. 4801. Stricknadeln Nr. 2½, 2 Nadelspiele Nr. 2½, ca. 110 cm rosafarbenes Satinband, 2,5 cm breit.
Kraus re, Nadeln Nr. 2½: Hin- und Rückr re, bzw. in Runden 1 Rd re und 1 Rd li im Wechsel.

Anleitung

Mit dem Nadelspiel 72 M anschlagen und in R kraus re str. Nach 53 R = ca. 10 cm eine Biese arbeiten: 9 R glatt li (Hinr li, Rückr re) str. In der folgenden Rückr jede M mit dem oben liegenden Querglied der letzten Kraus-Rippe re zusammenstr, dafür von unten nach oben durch das Querglied einstechen, dann die betreffende M re str und das Querglied über diese M heben. Am Ende dieser R 16 M neu anschlagen = 88 M. Wenden und weiter in Rd kraus str, dabei in der 1. Rd die M auf 8 Nadeln (= 11 M pro Nadel) verteilen. In der 3. Rd und dann in jeder folgenden 2. Rd am Ende jeder Nadel 2 M re zusammenstr, bis insgesamt noch 8 M übrig bleiben. Diese M mit doppeltem Faden zusammenziehen. Faden vernähen. Um den unteren Mützenrand 1 R feste M, 1 R Stäbchen und 1 R Pikotm (siehe Seite 10) häkeln. Das Satinband einziehen.

Pullover

Größe: 68/74 (6–9 Monate).

Material: Schachenmayr Bambino, 60 % Baumwolle, 40 % Polyacryl (Lauflänge 110 m/ 25 g), 6 Kn in Flamingo Nr. 37. Stricknadeln Nr. 2½ und 3, Häkelnadel Nr. 3.

Strickmuster I, Nadeln Nr. 3: Perlmuster: 1 M re, 1 M li im Wechsel, in jeder 3. R versetzt str.

Strickmuster II, Nadeln Nr. 2½: Bündchen: 7 R glatt re = Hin re, Rückr li; 1 R mit Lochmuster = 1 M re,* 1 Umschlag, 2 M re zusammenstr *, von * bis * wdh, 1 Umschlag. Weiter 6 R glatt re. Nun mit der rechten Nadel die Anschlagmaschen auffassen und mit den auf der Nadel liegenden M zusammenstr.

Strickmuster III, Nadeln Nr. 3: Gemäß Schemazeichnung.

Maschenprobe, Nadeln Nr. 3: 30 M und 40 R = 10 × 10 cm.

Anleitung

Rückenteil: 82 M mit Nadeln Nr. 2½ anschlagen und das Bündchen wie angegeben str. In der letzten Rückr verteilt 10 M aufnehmen = 92 M. Weiter mit Nadeln Nr. 3 gemäß Schemazeichnung str. In 28 cm Höhe alle M locker abketten.

Vorderteil: Wie Rückenteil str, jedoch für den vorderen Halsausschnitt in 23 cm Höhe die mittleren 10 M abketten und beidseitig in jeder 2. R noch 1 × 4, 1 × 3, 3 × 2 und 3 × 1 M abketten. In 28 cm Höhe beidseitig die restlichen 25 M locker abketten.

Ärmel: 42 M mit Nadeln Nr. 2½ anschlagen und das Bündchen wie angegeben str. In der letzten Rückr verteilt 8 M aufnehmen = 50 M. Weiter mit Nadeln Nr. 3 im Strickmuster I str und gleichzeitig für die Ärmelschrägung beidseitig in jeder 4. R 13 × 1 M aufnehmen = 76 M. In 16 cm Höhe alle M locker abketten.

Fertigstellung: Teile zusammennähen. Um den Halsausschnitt mit der Häkelnadel die M auffassen und 1 Rd Pikotm häkeln (siehe Seite 10). Zur Zierde eine kleine Rose in Rosé (im Fachhandel erhältlich) aufnähen.

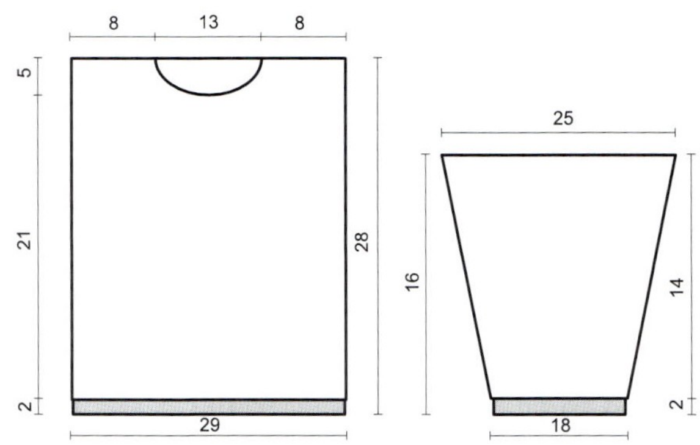

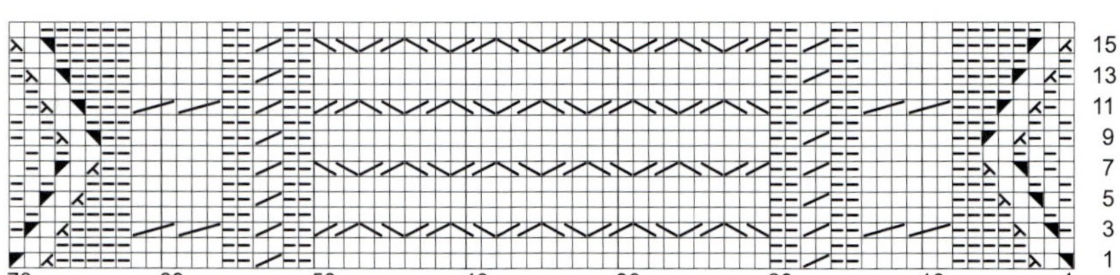

= re M auf der re Seite, li M auf der li Seite

= li M auf der re Seite, re M auf der li Seite

= 2 re M nach li verkreuzen über 1 M li

= 2 re M nach re verkreuzen über 1 M li

= 2 M nach re verkreuzen

= 3 re M nach li verkreuzen über 3 M re

= 1 re M nach li verkreuzen über 2 M re

= 1 re M nach re verkreuzen über 2 M re

Kombination in zartem Grün

Weste und Höschen
Größe: 74/80 (6–11 Monate).
Material: Schachenmayr Paradiso, 100 % Polyamid (Lauflänge 60 m/50 g), 2 Kn in Maigrün Nr. 72; Piccola, 70 % Polyacryl, 30 % Polyamid (Lauflänge 195 m/50 g), 3 Kn in Mai-Color Nr. 85. Stricknadeln Nr. 4 und 4½, Häkelnadel Nr. 2½ und 3, 1 Entenknöpfchen in Gelb (z. B. von Dill).
Grundmuster, Nadeln Nr. 4½: Glatt li: Hinr li, Rück re.
Maschenprobe, Nadeln Nr. 4½: 15 M und 28 R = 10 × 10 cm.

Anleitung Weste
Rückenteil: 44 M mit Nadeln Nr. 4½ in Maigrün anschlagen und im Grundmuster str.
In 15 cm Höhe für die Armausschnitte beidseitig 1 × 3 und 3 × 1 M abketten. In 27 cm Höhe alle 32 M locker abketten.
Rechtes Vorderteil: 22 M mit Nadeln Nr. 4½ in Maigrün anschlagen und im Grundmuster str. Armausschnitte an der linken Arbeitskante wie bei Rückenteil str. In 21 cm Höhe an der rechten Arbeitskante in jeder 2. R 1 × 2 und 5 × 1 M abketten. In 27 cm Höhe die restlichen 9 M locker abketten.
Linkes Vorderteil: Gegengleich zum rechten Teil str.
Fertigstellung: Seiten- und Schulternähte schließen, an bei-

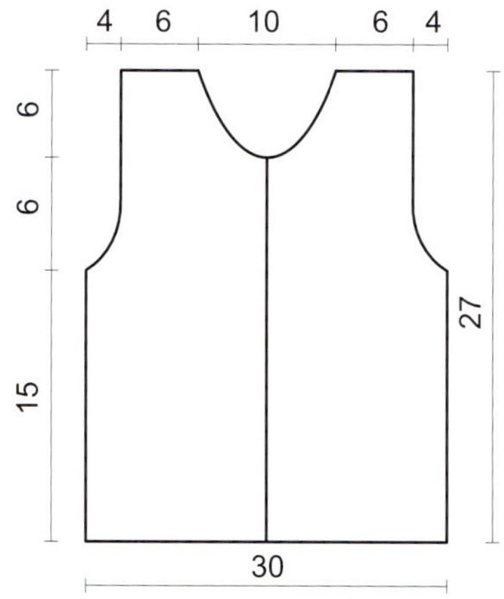

den vorderen Öffnungskanten und um den Halsausschnitt mit der Häkelnadel 1 R feste M häkeln. Am rechten Teil oben eine Öse für den Knopf anhäkeln und an das linke Teil den Entenknopf annähen.

Anleitung Höschen
Grundmuster, Nadeln Nr. 4: Gerstenmuster: 2 M re, 2 M li in jeder 3. R versetzt str.
Glatt re, Nadeln Nr. 4: Hinr re, Rückr li.
Maschenprobe, Nadeln Nr. 4: Gerstenmuster: 20 M und 31 R = 10 × 10 cm.
Das Höschen wird mit doppeltem Faden gestrickt.
Vorderteile: Linkes Bein: 24 M in Mai-Color mit Nadeln Nr. 4 anschlagen und im Grundmuster str. Für die innere Beinschrägung in jeder 10. R 2 × 1 M aufnehmen. Gleichzeitig für die äußere Beinschrägung in jeder 10. R 4 × 1 M aufnehmen = 30 M. In 9 cm Höhe alle M stilllegen.
Rechtes Bein: Gegengleich str und auch das Gerstenmuster gegengleich beginnen, damit es beim Zusammenfügen der beiden Beine passt. Nun beide Teile zusammenfügen und dabei die mittleren 2 M zusammenstr. Die restlichen M an den Außenkanten weiterhin aufnehmen = insgesamt 58 M. In 17 cm Höhe nach Zusammenschluss der Beine noch 3 cm glatt re str, dann 1 R linke M (= Bruchkante) und nochmals 3 cm glatt re str.
Rückenteile: Wie Vorderteile str.
Fertigstellung: Vorder- und Rückenteile zusammennähen. Den Taillensaum bei der Bruchkante umlegen und annähen. Gummiband auf Taillenweite einziehen. Die unteren Kanten der Beine mit der Häkelnadel Nr. 2½ und einem einfachem Faden mit 1 Rd Krebsm umhäkeln.

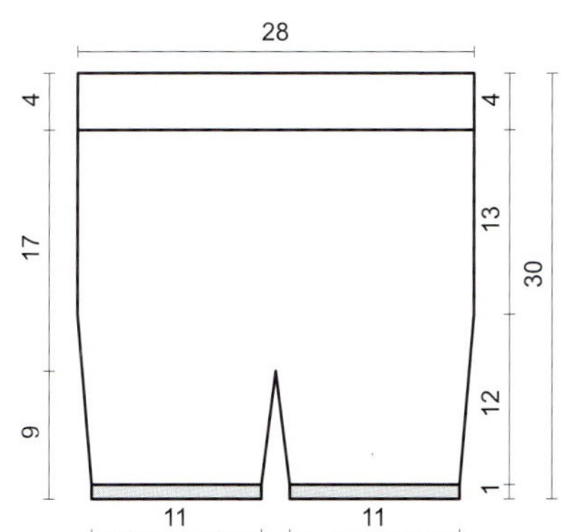

Zottelmütze

Größe: 68 (3–6 Monate = ca. 38 cm Kopfumfang).

Material: Schachenmayr Paradiso, 100 % Polyamid (Lauflänge 60 m/50 g), 1 Kn in Maigrün Nr. 72. Stricknadeln Nr. 3½ und 4, Rest weiße Wolle für die Quaste.

Glatt re, Nadeln Nr. 4: Hinr re, Rückr li.

Bündchenmuster, Nadeln Nr. 3½: 1 M re, 1 M li im Wechsel.

Maschenprobe, Nadeln Nr. 4: 14 M und 26 R = 10 × 10 cm.

Anleitung

64 M mit Nadeln Nr. 3½ anschlagen und 3 cm im Bündchenmuster str. Weiter 30 cm mit Nadeln Nr. 4 glatt re str. Weiter wieder mit Nadeln Nr. 3½ 3 cm im Bündchenmuster str. Alle M locker abketten. Mütze zur Hälfte falten und die Seitennähte schließen. An den beiden Spitzen je 1 weiße Quaste befestigen (Quasten siehe Seite 20).

Schühchen

Material: Schachenmayr Catania, 100 % Baumwolle (Lauflänge 125 m/50 g), 1 Kn in Maigrün Nr. 170, Rest Sonnengelb. Häkelnadel Nr. 2½–3.

Anleitung

8 Luftm anschlagen, in die 3. Luftm 2 Stäbchen häkeln, in die folgenden 4 Luftm je 1 Stäbchen häkeln, in die letzte Luftm 2 Stäbchen arbeiten = 8 Stäbchen.

2. R: In die 1. und letzte M wieder 2 Stäbchen häkeln = 10 Stäbchen. So bis zu einer Höhe von 8 cm arbeiten, dann beidseitig 2 Stäbchen zusammenhäkeln. Die Sohle mit 2 R feste M umhäkeln = 56 M. Anschließend 4 R Stäbchen häkeln.

Rist: 8 Luftm häkeln.

1. R: 1 feste M, 1 halbes Stäbchen, 3 Stäbchen, 1 halbes Stäbchen, 1 feste M.

2. R: 2 Luftm häkeln, in die 1. M 2 Stäbchen arbeiten, 5 Stäbchen häkeln, in die letzte M 2 Stäbchen häkeln. Nun 4 R Stäbchen arbeiten.

7. R: 2 Stäbchen, 1 halbes Stäbchen, 3 feste M, 1 halbes Stäbchen, 2 Stäbchen häkeln.

Rist und Schuh mit Kettm zusammenfügen.

Obere Öffnung: Mit 1 R feste M umhäkeln. 1 Lochrd, in der Mitte die Arbeit teilen, 3 R Stäbchen häkeln.

Fertigstellung: Den Rand des Umschlags in Gelb mit Krebsm umhäkeln. Für die Bänder 90 Luftm anschlagen, 1 R feste M häkeln, das Band einziehen. 2 Sterne: In Schlinge 6 feste M häkeln, zusammenziehen, 6 Pikotm häkeln (siehe Seite 10).

Pullover

Größe: 74/80 (6–11 Monate).
Material: Schachenmayr Paradiso, 100 % Polyamid (Lauflänge 60 m/50 g), 3 Kn in Maigrün Nr. 72; Timmi, 50 % Polyacryl, 25 % Schurwolle, 25 % Viskose (Lauflänge 200 m/50 g), 1 Kn in Weiß Nr. 4800; Piccola, 70 % Polyacryl, 30 % Polyamid (Lauflänge 195 m/50 g), 1 Kn in Mint-Color Nr. 87. Stricknadeln Nr. 3½, 4 und 5, Häkelnadel Nr. 4, 2 größere weiße Knöpfe für den Gürtel, 3 kleine weiße Knöpfe für den Schulterverschluss.

Anleitung

Grundmuster, Nadeln Nr. 4 und 5: Glatt re: Hinr re, Rückr li.
Farbfolge für Ärmel: 10 R in Maigrün mit Nadeln Nr. 5, 4 R in Weiß mit doppeltem Faden und Nadeln Nr. 4.
Maschenprobe, Nadeln Nr. 5: In Maigrün: 14 M und 26 R = 10 × 10 cm.

Rückenteil: 41 M mit Nadeln Nr. 4 in Maigrün anschlagen und 2 cm im Grundmuster str. Weiter mit Nadeln Nr. 5 im Grundmuster arbeiten. In 15 cm Höhe für die Armausschnitte beidseitig je 4 M abketten. In 27 cm Höhe für den hinteren Halsausschnitt die mittleren 17 M abketten. In 28 cm Höhe die M der rechten Schulter abketten und die M der linken Schulter stilllegen.
Vorderteil: Teil und Armausschnitte wie Rückenteil str, jedoch für den vorderen Ausschnitt in 24 cm Höhe die mittleren 9 M abketten und beidseitig an den Ausschnittkanten in jeder 2. R noch 1 × 2 und 2 × 1 M abketten. In 28 cm Höhe die M der linken Schulter stilllegen und die M der rechten Schulter abketten.
Ärmel: 22 M mit Nadeln Nr. 4 in Maigrün anschlagen und 2 cm im Grundmuster str. Weiter mit Nadeln Nr. 5 im Grundmuster und der angegebenen Farbfolge str. Gleichzeitig für die Ärmelschrägung beidseitig in jeder 7. R 7 × 1 M aufnehmen = 36 M. In 18 cm Höhe alle M locker abketten.
Fertigstellung: Die stillgelegten M der rückwärtigen Schulter wieder in Arbeit nehmen, dazu aus der Halsblendenkante noch 4 M auffassen und über alle M 1 cm im Grundmuster eine Passe str. Beim Vorderteil ebenso verfahren, jedoch in der 1. R 3 kleine Knopflöcher einarbeiten. Alle M abketten. Teile spannen und unter feuchten Tüchern trocknen lassen. Nähte schließen und Ärmel einnähen. Um den Halsausschnitt mit der Häkelnadel 1 Rd feste M in Maigrün und 1 Rd feste M in Weiß häkeln.
Gürtel: Mit Nadeln Nr. 3½ in Mint-Color 13 M anschlagen und 43 cm 1 M re, 1 M li im Wechsel str. Alle M locker abketten. Den Gürtel um den fertig zusammengenähten Pullover schlingen, vorne mit den 2 größeren weißen Knöpfen dekorieren und an den Pullover annähen. 3 kleine weiße Knöpfe an die Schulterpasse annähen.

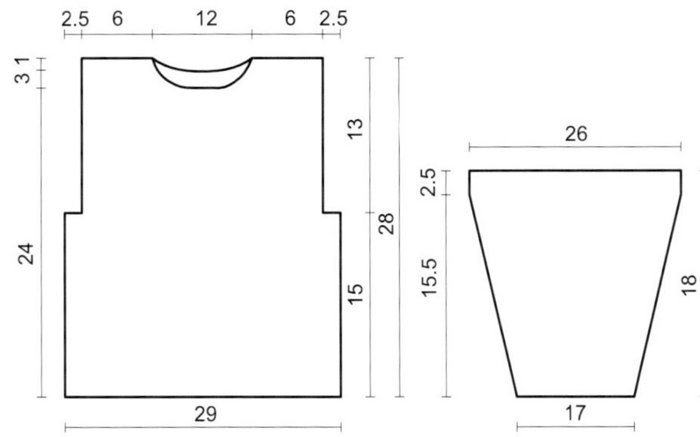

Höschen

Größe: 68/74 (6–9 Monate).
Material: Schachenmayr Piccola, 70 % Polyacryl, 30 % Polyamid (Lauflänge 195 m/50 g), 2 Kn in Mint-Color Nr. 87, 1 Kn in Weiß Nr. 01. Stricknadeln Nr. 3 und 3½, Häkelnadel Nr. 3, Gummiband in der Länge der Taillenweite.

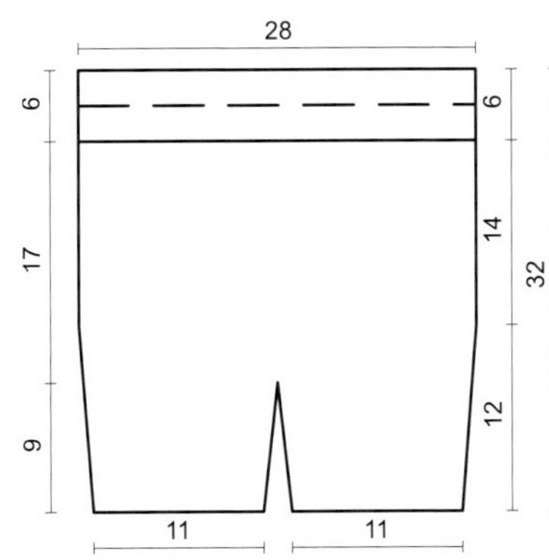

Grundmuster, Nadeln Nr. 3½:
Glatt re: Hinr re, Rückr li.
Farbfolge: * 12 R in Mint-Color, 4 R in Weiß *, von * bis * wdh.
Bündchenmuster, Nadeln Nr. 3:
1 M re, 1 M li im Wechsel.
Maschenprobe, Nadeln Nr. 3½:
29 M und 40 R = 10 × 10 cm.

Anleitung

Vorderteile: Linkes Bein: 31 M mit Nadeln Nr. 3 in Mint-Color anschlagen und 1 cm im Bündchenmuster str. Weiter mit Nadeln Nr. 3½ im Grundmuster und der angegebenen Farbfolge str. Für die innere Beinschrägung in jeder 10. R 2 × 1 M aufnehmen. Gleichzeitig für die äußere Beinschrägung in jeder 14. R 3 × 1 M aufnehmen. In 9 cm Höhe alle M stilllegen = 36 M.
Rechtes Bein: Gegengleich str. Nun beide Teile zusammenfügen und dabei die mittleren 2 M zusammenstr. Die restlichen M an den Außenkanten weiterhin aufnehmen. In 17 cm Höhe nach Zusammenschluss der beiden Beinchen 3 cm in Weiß im Bündchenmuster str, dann 1 R linke M str (= Bruchkante) und nochmals 3 cm im Bündchenmuster str. Alle M locker abketten.
Rückenteile: Wie Vorderteile str.
Fertigstellung: Vorder- und Rückenteil zusammennähen. Den Taillensaum bei der Bruchkante umlegen und annähen. Gummiband einziehen. An die unteren Kanten der Beinchen in Weiß mit der Häkelnadel Pikotm anhäkeln (siehe Seite 10).

Wir danken der Firma Schachenmayr für die freundliche Unterstützung.

Bibliografische Information
Der Deutschen Bibliothek
Die Deutsche Bibliothek verzeichnet diese Publikation in der Deutschen Nationalbibliografie;
detaillierte bibliografische Daten sind im Internet über
http://dnb.ddb.de abrufbar.

Urania Verlag
Verlagsgruppe Dornier
Postfach 80 06 69, 70506 Stuttgart
www.verlagsgruppe-dornier.de
www.urania-verlag.de

Der Urania Verlag ist ein Unternehmen der Verlagsgruppe Dornier.

Umschlaggestaltung: Behrend & Buchholz, Hamburg
Fotos: Stefan Marthaler
Lektorat: Eva Hauck
Satz: tiff.any GmbH, Berlin
Printed in Germany
ISBN 3-332-01314-9